기독교를 알아야
인생의 답이 보인다

명쾌 · 상쾌 · 통쾌한 신개념 기독교 변증서

개정판

기독교를 알아야 인생의 답이 보인다

지은이 | 라원기
펴낸이 | 원성삼
표지 · 본문 디자인 | 한미나
표지 · 본문 일러스트 | 크레마인드
펴낸곳 | 예영커뮤니케이션
개정 1쇄 발행 | 2024년 7월 3일
등록일 | 1992년 3월 1일 제2-1349호
주소 | 03128 서울시 종로구 대학로3길 29, 313호 (연지동, 한국교회100주년기념관)
전화 | (02) 766-8931
팩스 | (02) 766-8934
이메일 | jeyoung@chol.com
ISBN 979-11-89887-84-1 (03230)

값 15,000원

 모든 인간은 하나님의 형상을 닮은 존귀한 존재입니다. 사람은 인종, 민족, 피부색, 문화, 언어에 관계없이 모두 다 존귀합니다. 예영커뮤니케이션은 이러한 정신에 근거해 모든 인간이 존귀한 삶을 사는 데 필요한 지식과 문화를 예수 그리스도의 사랑으로 보급함으로써 우리가 속한 사회에 기여하고자 합니다.

기독교를 알아야 인생의 답이 보인다

명쾌 · 상쾌 · 통쾌한 신개념 기독교 변증서

라원기 지음

예영

CONTENT

현대인은 지금

이 세상이 전부라는 것,

심판이 없다는 것, 영원이 없다는 것에

자신의 목숨을 내놓고 내기를 하고 있다.

- R. C. 스프롤 -

만약 이 모든 것이 다 사실이라면

- Written by Won Ki Ra

이런저런 여러 가지 이유 때문에
아직까지 교회를 나오지 않고 계시는
여러 형제, 자매, 친척, 친구 여러분들

만약에 교회에서 이야기하던
그 모든 것이 전부 다 사실이라면
당신은 어떻게 하실래요?

하나님이 정말로 천지를 창조하셨고
거룩한 성경책이
정말 하나님께서 기록하신 말씀이고
그 성경에 기록한 대로
정말 천국과 지옥이 있다면
당신은 어떻게 하실래요?

만약 인간이
한번 죽는 것으로 끝나지 않고
죽고 난 뒤에, 지은 죄에 대한
분명하고도 확실한 심판이 있다면
그때는 정말 어떻게 하실래요?

만약
이천 년 전에 유대 땅에 와서
초라한 모습으로 십자가 위에서 죽은
그 나사렛의 예수가

정말로, 진짜로 인간의 죄를
대신하여 죽으신 하나님의 아들이라면
그리고
그 예수를 어떻게 대하느냐가
당신의 영원한 운명을 갈라놓는다는
전도자의 외침이 온통 다 사실이라면
당신은 정말 어떻게 하실래요?

죽은지 삼일 만에 부활하셨다는
그 예수가
천군 천사의 나팔 소리와 함께 이 땅에
다시 찾아오시면 그때는 어떻게 하실래요?

백화점에서 옷을 살 때도 한참을 생각하고
주식을 투자할 때도 이것저것 다 알아보고
결정하는 현명한 여러분들이

왜 교회 이야기만 나오면
왜 하나님이나 예수님 이야기만 나오면
또 왜 천국이나 지옥에 관한 이야기만 나오면
도무지 관심을 가져 보려고 하지 않는 것인가요?

정말 그렇게도 쉽게
하나님이 없는 쪽으로

교회에서 하는 말이
전부 다 새빨간 거짓말인 것으로
그렇게 쉽게
막 결정해도 되는 건가요?

왜 좀 더 알아보려고 하지 않고
왜 좀 더 진리를 찾아보려고 하지 않는가요?

알고 있나요?
우리 하나님은
자신을 찾는 자에게는 성큼 다가오시고
자신을 멀리하려고 하는 자에게는
꼭꼭 숨으시는 분이시라는 사실을

여러분이 몰라서 그렇지
지금까지 여러분은
하나님이 없어서 못 만난 게 아니에요
다만
진심으로 하나님을 찾고자 하는
필요성을 못 느꼈고 그러한 열망을
품지 않았기 때문에 못 만난 것이에요

때가 늦기 전에
어서 하나님을 만나세요
왜냐하면
제가 지금까지 이야기한 것이
진정으로 사실이라면
당신은 죽고 난 뒤에
땅을 치고 후회하게 될 것이니까요

그러므로
오늘 제가 한 말을 꼭 기억하세요
왜냐하면
여러분이 믿든 안 믿든
오늘 제가 한 말은 모두 사실이니까요

정말이라니까요

들어가는 말

"기독교인이 되고 성경의 진리에 대하여 확신하기 위해서는 엄청난 지식을 필요로 하지 않는다. 단지 정직한 가슴과 기꺼이 하나님을 따르고자 하는 마음만이 필요할 뿐이다."
- 윌리엄 바니스

이런 일이 있었습니다. 미국의 신문 발행가이며 고미술 수집가인 부호 윌리엄 랜돌프 허스트(William Randolph Hearst)라는 분이 한 번은 아주 특별한 고미술 작품 하나를 찾고 싶어서 여러 에이전트를 동원하여 오랫동안 유럽의 모든 나라들을 탐색하였습니다. 그리하여 마침내 찾았다는 보고를 받았습니다. 그래서 그 작품이 지금 어디 있느냐고 물어보았더니 그 작품이 바로 자기 창고에 있다는 답신을 받았습니다.

오늘날 많은 사람이 인생의 해답이 어디 있는지 알고자 노력합니다. 그래서 각종 세미나에도 참석하고 다양한 사람들을 만나 자문을 구해보기도 하고 여러 가지 책을 사서 읽어보기도 합니다. 그러나 우리가 알아야 할 사실은 하나님께서 이 모든 인생의 해답을 성경을 통하여 이미 주셨다는 것입니다. 바로 예수 그리스도의 복음 안에 인생의 모든 문제에 대한 해답이 들어가 있는 것입니다.

그러나 안타깝게도 대부분의 사람은 이같은 기독교의 진리에 대하여 제대로 알고 있지 못합니다. 이것은 비기독교인뿐만 아니라 기독교인들 사이에서도 마찬가지입니다. 성경이 말하는 복음이 무엇인지, 기독교의 핵심 진리가 무엇인지를 정확하게 인식하고 있는 사람이 생각보다 너무나 적습니다. 거기에는 여러 가지 이유가 있겠지만 기독교의 진리는 그 자체로는 너무나 쉽고 단순하지만, 그것을 제대로 이해하기 위해서는 영적인 깨달음이 있어야 한다는 데 진정한 이유가 있다고 볼 수 있습니다.

그래서 레슬리 뉴비긴(Lesslie Newbigin)은 기독교의 진리를 'open secret'(열린 비밀)이라고 표현합니다. 이 말의 의미는 기독교의 복음은 이미 모든 사람에게 공개적으로 선포되었다는 의미에서는 '열려 있는 것'(open)이지만 오로지 믿음의 눈을 가진 사람에게만 깨달아진다는 의미에서는 '비밀'(secret)이라는 것입니다.

그렇습니다. 기독교의 진리는 하나님의 은혜로 깨달아져야만 합니다. 그런데 그러한 깨달음을 위해서는 먼저 기독교의 진리에 대한 지적인 이해가 필요합니다. 그래서 저는 이러한 자료를 준비하게 되었습니다.

저 자신도 대학교 2학년 때까지는 기독교의 구원의 복음에 대하여 무지한 불신자였습니다. 그 이후 복음을 받아들이고 수십 년간 신앙생활을 하면서 저는 '기독교의 복음을 논리적으로 설명할 수는 없을까' 하고 치열하게 고민했습니다. 이 책은 저의 그러한 수십 년간의 지적 탐구의 결과입니다.

이 책은 변증서의 성격을 가지고 있지만 딱딱한 책이 되지 않기 위하여 최대한 재미있고 쉽게 쓰려고 노력하였습니다. 그러므로 평소에 전도하고 싶었던 분들에게 전도용 선물로도 적절한 책이 될 것으로 믿어 의심치 않습니다.

이 책의 초판은 2008년도에 나왔는데 그동안 독자들의 꾸준한 사랑을 받아서 스테디셀러가 될 수 있었고, 그 결과 이렇게 다시 개정판을 내놓을 수 있게 되었습니다. 개정판에서는 책을 읽는 분들이 내용을 좀 더 이해하기 쉽게 책의 두께를 줄였으며, 가독성이 좋도록 글자 크기도 좀 더 키웠습니다. 또한 내용의 이해를 돕는 삽화도 새롭게 그렸으며 몇 가지 삽화는 더 추가하여 넣었습니다.

새롭게 책을 출판하게 되면서 감사를 드려야 할 분들이 많습니다. 먼저 부족한 제가 이런 책을 쓸 수 있도록 지금까지 신실하게 인도해 주신 하나님께 감사와 영광을 돌려드립니다.

또한 바쁘신 가운데에도 흔쾌히 추천사를 써 주신 이동원 목사님과 김형민 목사님께도 진심으로 감사를 드립니다. 그리고 하나님이 주신 귀한 재능으로 멋진 삽화들을 통하여 책을 빛내주신 크레마인드의 김태호 대표님께도 깊은 감사를 드립니다.

아울러 이 책의 가치를 알아봐 주시고 저에게 선뜻 출판을 허락해 주셨던 예영커뮤니케이션의 故 김승태 장로님께 다시 한번 감사의

마음을 드리고, 이후 한결같은 사랑으로 격려해 주시는 원성삼 대표
님께도 진심 어린 고마움을 전합니다. 이 책을 통하여 우리의 유일한
구원자 되시는 예수님의 이름이 더욱 높아지기를 소망합니다. 감사
합니다.

2024년 관악산 기슭에서
라원기 드림

01

사람에게 | 종교가 필요한가?

사람에게 종교가 필요한가?

I. 인간에게는 종교가 필요한가?

우리는 모두 이 시간 다음과 같은 질문을 던져 볼 수 있다. 그것은 이 세상에 종교 없이 행복하게 사는 사람이 많은 것 같은데 구태여 번거롭게 종교를 가지고자 애쓸 필요가 있는가 하는 것이다. 여기에 대한 대답은 인간에게는 절대적으로 종교가 필요하다는 것이다. 왜냐하면 우리 인간은 영적인 존재이기 때문에 그저 잘 먹고 잘사는 것만으로는 만족할 수 없기 때문이다.

오늘날 너무나 많은 사람이 정말 여유가 없이 살아가고 있다. 사는데 바빠서 밤하늘의 별 한 번 쳐다볼 여유가 없이, 하나님께서 정말 계신지 안 계신지, 내가 왜 태어났고 왜 살아야 하며, 또 어디로 가는지, 인생의 근본적인 문제에 대하여 한 번도 고민할 틈도 없이 살다가 가는 인생들이 너무나 많다.

　　자신도 언젠가는 늙고 병들고 죽을 몸인데도 그 사실을 까맣게 잊고 영원히 천년만년 살 것같이 그렇게 신앙에 대하여 무관심하게 살아가는 사람들이 너무나 많다. 그러나 우리는 결코 그렇게 살아서는 안 된다. 우리 인간은 하나님을 기억하며 하나님의 뜻에 따라 살아야 한다. 여기에 인간의 존재 목적과 행복이 있다.

　　오늘날 이 사회가 이렇게 극단으로 치닫는 것은 인간이 하나님을 떠나 버렸기 때문이다. 역사는 인간이 신을 무시해 버릴 때마다 허무주의의 늪에 빠져 버린다는 비극적 사실을 계속적으로 증명한다. 과거 러시아가 하나님을 버리고 난 뒤 몰락의 길을 걸은 것을 우리는 기억해야 한다. 러시아가 낳은 위대한 작가이며 노벨 문학상 수상자이기도 한 솔제니친은 공산주의를 선택한 러시아가 경험한 무신론의 결과를 지켜본 후 나름대로 결론을 내렸다. 그는 1983년 템플턴 종교상 수상 연설에서 다음과 같이 주장했다.

"우리 민족의 6천만을 삼켜 버렸던 파괴적인 혁명의 주원인을 가능한 한 간략하게 체계적으로 설명해 달라고 내게 요청한다면, 이 말을 되풀이하는 것보다 더 정확한 설명은 없을 것입니다. 인간이 하나님을 잊어버렸습니다. 이것이 이 모든 일이 일어나게 된 이유입니다."[1]

윌 듀란트(Will Durant)는 다음과 같은 통찰력 있는 말을 남겼다.

"우리 시대의 가장 중요한 문제는 공산주의 대 개인주의나 유럽 대 미국의 문제가 아니다. 그것은 인간이 하나님 없이 살아갈 수 있느냐 하는 문제이다."[2]

그렇다. 하나님 없이 우리 인간이 어떻게 허무주의를 극복할 수 있겠는가? 사실상 하나님의 부재는 우리 인간에게서 선, 가치, 의미, 이성 그리고 기쁨이 존재하지 않는 삶을 의미한다. 그래서 "인간에게 하나님에 대한 믿음이 필요한가?"라는 질문에 변증가인 폴 리틀(Paul E. Little)은 "자동차에 운전사가 필요한가?[3] 나무에 뿌리가 필요한가?"라고 오히려 반문한다.

어니스트 헤밍웨이(Earnest Miller Hemingway)는 미국이 낳은 위대한 소설가다. 그는 하나님을 믿는 경건한 기독교 가정에서 태어났다. 그의 아버지는 의사였고, 그의 어머니는 신앙심이 깊은 여인이었다. 하지만 그는 장성함에 따라 점점 하나님으로부터 멀어져 갔다.

그는 재치 있고 쾌활한 반면 성미가 급하고 술을 많이 마셨으며 자기 중심적인 사고를 지니고 있었다. 비록 그가 1954년 『노인과 바다』로 노벨 문학상을 받았지만 그가 얻은 명예와 인기가 그의 삶을 행복하게 만들어 주지는 못했다. 그는 세 번이나 결혼에 실패하고 아프리카 여행 중 두 번이나 비행기 추락 사고로 다쳤지만 하나님께 돌아오기를 거부했다. 결국 그는 불안과 우울증에 시달리다가 마침내 1961년 엽총으로 자살하고 말았다.

헤밍웨이는 생의 마지막 무렵에 남긴 글에서 자신은 필라멘트가 끊어진 텅 빈 전구처럼, 그리고 전지약이 다 떨어지고 코드를 꽂으려 해도 꽂을 전원이 없어서 불이 들어오지 않는 라디오의 진공관처럼 외롭고 공허하다고 고백했다.

헤밍웨이뿐만이 아니다. 철학자들을 보더라도 하나님을 거부한 철학자들의 특징은 다 허무주의로 빠졌다는 것이다. 장 폴 사르트르는 인생은 무의미하다고 주장했으며, 버트란트 러셀은 인생에 대하여 절망했고, 쇼펜하우어는 아무도 믿지 못하여 철저한 고독 속에서 죽어갔으며, 신은 죽었다고 외쳤던 니체는 정신병원에서 생을 마감했다.

하나님을 모르는 인생은 아무 의미를 가질 수가 없다. 만일 하나님이 없다면 우리는 철학자 윌리엄 제임스의 말처럼 도서관에서 서적들을 지키면서도 그것들을 읽을 줄 모르는 개와도 같다.[4] 열심히 인생을 살아가기는 하는데 인생의 의미는 전혀 모르면서 무의미한 삶을 살아가게 되는 것이다.

II. 하나님은 정말 존재하는가?

그렇다면 우리가 여기서 한 가지 질문해 볼 것은 과연 하나님은 계신가 하는 것이다. 신이 존재하지 않는다고 주장하는 무신론자들은 모든 것을 물질의 관점으로 해석해서 하나님도 눈에 보이지 않기 때문에 존재하지 않는다고 생각한다.

그러나 이 세상에는 보이지 않지만 존재하는 것들이 너무나 많다. 우리 주위에 있는 공기나 전기나 전파는 눈에 보이지 않지만 분명히 존재한다. 빨·주·노·초·파·남·보와 같은 가시광선은 우리 눈으로 인식할 수 있지만 그 범위를 벗어나는 자외선이나 적외선 같은 것은 우리 인간은 인식할 수 없다. 그러나 분명히 존재한다.

우리는 인간의 오감의 세계를 뛰어넘는 더 고차원적인 세계가 있다는 것을 겸허히 인정해야 한다. 많은 사람이 단지 눈에 보이지 않는다는 이유만으로 하나님이 어디 계시느냐고 큰소리를 치는 경우가 많은데 그렇게 함부로 말하는 것이 아니다. 하나님은 영이시기에 우리 눈에 안 보일 뿐이지 안 계신 것이 아니기 때문이다.

차가운 바닷물 속에 떠 있는 빙산에 대하여 조금이라도 알고 있는 사람은 눈에 보이는 빙산보다 물속에 잠겨있는 보이지 않는 부분의 빙산이 훨씬 더 크다는 사실을 알고 있다. 빙산일각(氷山一角)이라는 말이 그것이다. 빙산에서 보이는 부분은 전체 빙산의 고작 7분의 1밖에 되지 않는다. 보이지 않는 부분이 훨씬 더 큰 것이다.

우리가 사는 세상도 마찬가지다. 우리가 몸담고 있는 이 세상도 눈에 보이는 세계와 보이지 않는 세계가 있다. 많은 사람이 보이는 이 세계가 전부인 줄 알고 살아가지만 사실은 이 세상에는 보이지 않는 세계가 훨씬 더 큰 비중을 차지하며 그것이 사실은 훨씬 더 중요한 것이다. 폴 리틀은 다음과 같이 말했다.

"보이지 않는다는 것이 존재하지 않는다는 것을 의미하는 것은 아니다!"[5]

그러므로 우리는 함부로 하나님이 없다는 소리를 하면 안 된다. 사실상 무신론은 합리적으로 설명이 안 되는 이론이다. 무신론적인 사고의 한계를 예를 들어 설명해 보자. 가령 어떤 무인도에 새가 한 마리도 없다는 것을 증명하기 위해서는 어떻게 해야 할까?

새가 없다는 것을 증명하고자 하는 사람은 무인도를 구석구석 뒤져서 새가 있다는 증거가 전혀 없다는 것을 밝혀내야 한다. 만약에 새의

발자국이나 깃털이 단 한 개라도 발견이 된다면 새가 전혀 없다고 감히 큰소리치지 못할 것이다. 그러므로 무인도에 새가 있다는 것을 증명하는 것보다 새가 전혀 없다는 것을 증명하기가 훨씬 더 어렵다는 것을 알 수 있다.

하나님을 증명하는 것도 마찬가지다. 이 세상에 하나님이 존재하지 않는다는 것을 증명하는 것은 하나님이 계시다는 것을 증명하는 것보다 훨씬 어려울 뿐 아니라 사실상 불가능한 일이기도 하다. 왜냐하면 진정한 무신론자가 되기 위해서는 이 세상에 하나님이 없다고 절대적으로 확신할 수 있도록 이 세상 모든 만물에 대한 완벽하고 절대적인 지식을 가져야 하기 때문이다.[6]

이러한 관점으로 볼 때 무신론(無神論) 자체가 대단한 믿음이다. 왜냐하면 방금 이야기한 대로 무신론은 논리적으로 증명이 불가능하기 때문이다. 그러므로 무신론자는 사실 하나님이 없다는 주장을 믿음의 차원에서 받아들이는 것이다. 그러므로 무신론은 믿음에 근거한 하나의 신앙이다. 성경은 무신론자들에 대하여 다음과 같이 말한다.

"어리석은 자는 그의 마음에 이르기를 하나님이 없다 하는도다 그들은 부패하고 그 행실이 가증하니 선을 행하는 자가 없도다"(시편 14:1).

무신론자들 가운데는 어리석어서 하나님이 없다고 하는 경우도 있고 그들의 마음이 부패해졌기 때문에 하나님을 거역하여 하나님을 부인하는 경우도 있다. 그래서 위의 시편 말씀에도 그들이 하나님을 부인하는 어리석은 자가 된 것은 부패하고 소행이 가증하고 선을 행하지 않기 때문이라고 말하고 있다. 바울은 로마서에서 이것을 좀 더 노골적으로 표현한다.

"하나님을 알되 하나님을 영화롭게도 아니하며 감사하지도 아니하고 오히려 그 생각이 허망하여지며 미련한 마음이 어두워졌나니 스스로 지혜 있다 하나 어리석게 되어 썩어지지 아니하는 하나님의 영광을 썩어질 사람과 새와 짐승 과 기어다니는 동물 모양의 우상으로 바꾸었느니라"(로마서 1:21-23).

하나님을 몰라서 무신론이 되는 경우도 있지만 바울의 말처럼 하나님을 알고도 하나님보다는 자신을 섬기기 위하여 하나님을 거부하는 경우도 많이 있는 것이다. 그래서 플라톤은 "무신론은 정신적 실수이기 이전에 영혼의 질병(disease of soul)이다"[7]라고 했고, 미국의 신학자 헤럴드 O. J. 브라운은 "무신론은 단지 하나님께 대한 믿음의 부족이 아니라 오히려 하나님께 대한 공격이다"[8]라고 말했던 것이다.

III. 인간은 하나님을 알 수 있는가?

그렇다면 이렇게 무신론이 잘못된 것이고 실제로 하나님이 존재한다면 과연 우리가 어떻게 해야 그 하나님을 인식할 수 있는가 하는 의문이 나오게 된다. 여기서 우리가 분명히 알아야 할 사실은 우리 인간은 하나님께서 자신을 노출해 주셔야 알 수 있다는 것이다. 왜냐하면 우리와 하나님 사이의 간격은 너무나 크기 때문이다.

기독교의 하나님은 인간의 필요에 의해 만들어진 신이 아니다. 기독교의 하나님이 진짜 하나님이신 것을 드러내는 결정적인 증거가 바로 하나님이 스스로 인간에게 자신을 드러내 주셨다는 사실에 있다. 기독교가 계시의 종교라고 불리는 이유가 바로 여기에 있다.

우리가 신이 존재하는지 알 수 있는 방법은 두 가지가 있다. 하나는 우리가 신을 찾아가는 것이고, 하나는 신이 우리에게 찾아오는 것이다. 우리가 신을 찾아가는 것을 구도(求道)라 하고, 신이 우리를 찾아오는 것을 계시(啓示)라고 한다.

일반적으로 세상의 모든 종교가 취하는 방법이 구도의 방법이다. 열심히 신을 찾는 것이다. 그러나 기독교의 방법은 계시의 방법이다. 하나님이 우리를 찾아오시는 것이다.

그런데 여기서 우리가 분명히 알아야 할 사실은 구도로는 하나님을 알 수 없다는 사실이다. 왜냐하면 유한한 인간이 무한하신 하나님을 인식하는 것은 근본적으로 불가능하기 때문이다. 인간과 하나님 사이에는

근본적인 장벽이 존재한다. 인간은 아무리 노력해도 유한 속에 무한을 담을 수는 없다.[9]

그러므로 인간은 오로지 하나님께서 인간에게 찾아오시고 자신을 나타내 보여주시는 계시의 방법으로만 하나님을 알 수 있다. 만약 하나님께서 인간에게 자신을 드러내지 않고 끝끝내 자신을 숨기고자 하신다면 인간은 절대로 하나님을 찾아낼 수 없다.

왜냐하면 하나님은 전능하시고 인간은 유한한 존재이기 때문에 하나님이 마음먹고 숨어버린다면 인간이 하나님을 찾는 것은 근본적으로 불가능하기 때문이다. 그러므로 하나님께서 자신을 인간에게 계시해 주셨다는 사실은 대단히 감사하고 고마운 일이 아닐 수 없다.

IV. 하나님이 자신을 나타내시는 방법

계시라는 말은 헬라어로 아포칼룹시스(apokalupsis)라고 하는데, 감추어져 있던 것이 열리어 나타난 것을 의미한다. 하나님께서 이같이 인간에게 자신을 드러내 보여주시는 계시의 방법에는 두 가지가 있는데 그것을 일반 계시와 특별 계시라고 한다. 각각의 내용을 살펴보면 다음과 같다.

1. 일반 계시

일반 계시는 하나님께서 자연 만물이나 우리 인간의 마음에 있는 신에 대한 의식을 통하여 자신의 모습을 사람들에게 드러내 보여주시는 것이다. 그래서 일반 계시도 외적 측면과 내적 측면으로 나누어진다.

1) 외적 측면: 창조(자연)

일반 계시의 외적 측면은 하나님께서 자연 만물을 통하여 자신을 드러내 보여주시는 것이다. 이것은 피조물이라는 매개체를 통하여 자신을 나타내 보여주시는 것이다. 성경에 보면 하나님께서 자연 만물을 통하여 자신을 나타내셨음을 알려주는 구절들이 많이 있다.

"하늘이 하나님의 영광을 선포하고 궁창이 그의 손으로 하신 일을 나타내는 도다"(시편 19:1).

하나님의 영광은 하나님의 손으로 하신 일속에 나타난다. 이러한 나타남은 너무나 뚜렷하기 때문에 피조물들은 모두 알 수 있다. 이같이 하나님은 자연 만물을 통하여 당신의 영원한 능력과 신성을 보여주신다.

"창세로부터 그의 보이지 아니하는 것들 곧 그의 영원하신 능력과 신성이 그가 만드신 만물에 분명히 보여 알려졌나니 그러므로 그들이 핑계하지 못할지니라"(로마서 1:20).

자연 만물 속에 하나님의 살아 계심이 너무나 뚜렷하게 나타나기 때문에 사람들이 하나님을 몰랐다고 핑계할 수 없다는 것이다.

이 세상의 조화와 아름다움을 보라. 꽃잎의 대칭, 원자 세계와 분자 세계, 밤하늘에 떠다니는 별들의 정확한 궤도. 이 모든 것은 이 세상을 창조한 지적 설계자가 있다는 것을 증명하고 있다. 이같이 우리가 조금의 과학적인 상식만 있어도 이 세상은 경외감으로 가득 찬 세상이라는 것을 알 수 있다.

우리가 복잡한 건물을 보게 된다면 그 건물이 설계도 없이 지어졌다고 말하기는 어렵다. 건물이 복잡할수록 그 건물은 더더욱 복잡한 설계의 과정을 거쳤을 것이며 분명히 그 건물을 설계한 사람이 존재할 것이다. 그러므로 자연 만물은 이 세상을 만든 하나님이라는 분이 계시다는 사실을 분명히 보여주는 것이다.

그래서 파스퇴르는 "내가 자연을 더 많이 연구할수록 나는 창조주에 대하여 더 많이 놀라게 된다"라고 말했고, 위대한 과학자 뉴턴도 "인체의 신비, 자연의 신비, 우주의 신비를 보고도 하나님을 믿지 않는 사람이 있다면 미친 사람이거나 정직하지 못한 사람일 것이다"라고 말했다.

2) 내적 측면: 양심(직관, 신의식)

일반 계시의 내적 측면은 하나님께서 인간의 마음속에 신의식(神意識)을 주셔서 하나님을 인식하게 하신 것을 말한다. 인간의 원초적인 종

기도하는 원숭이?

교심에 관하여 성경에서는 "사람들에게는 영원을 사모하는 마음을 주셨느니라"(전 3:11)고 표현하고 있다.

그러므로 우리 인간(人間)이 동물과 근본적으로 다른 점이 있다면 바로 하나님을 찾는다는 것이다. 원숭이가 아무리 인간의 흉내를 내어도 절대로 할 수 없는 것이 있다. 어떠한 영리한 원숭이도 제단을 쌓아 놓고 예배를 드리는 원숭이가 없다. 기도하는 원숭이도 없고 하나님을 찾는 원숭이도 없다.

그러나 인간은 아무리 아프리카 오지에 있는 원시적인 인간이라도 스스로 제단을 만들고 신(神)을 섬긴 흔적을 가지고 있다. 왜 이런 차이가 나타나는 것인가? 그것은 하나님께서 인간에게 다른 어떤 동물도 가지고 있지 않은 영혼을 주셨기 때문이다. 그래서 인간은 이 짧은 인생으로는 결코 만족할 수 없고 영원한 것을 사모하게 되어 있다. 그래서 인간은 본성적으로 종교적일 수밖에 없는 것이다. 존 칼빈은 모든 사람의 마음속에 하나님께서 심어 주신 신성에 대한 의식이 있음을 말하며 그것을 '종교의 씨'라고 표현한다. 그는 다음과 같이 말한다.

"하나님의 존재에 대한 뿌리 깊은 확신을 갖지 못할 만큼 미개한 국민이나 야만적인 종족은 없다. 그리고 다른 면에서 볼 때 짐승과 조금도 다를 것이 없는 것처럼 보이는 사람들까지도 항상 무엇인가 종교의 씨앗을 그 속에 지니고 있다."

2. 특별 계시

일반 계시가 하나님께서 자연 만물이나 인간의 신의식을 통하여 자신을 드러내시는 것이라고 한다면 하나님의 특별 계시는 하나님의 말씀인 성경을 통하여 자신을 드러내시는 것이다.

일반 계시는 인간에게 하나님의 선하심과 공의와 지성과 지혜와 능력에 대하여 지식을 전달하지만 구원의 길을 제시하지는 못한다. 그러므로 하나님께서는 성경을 통하여 보다 분명하게 자신을 드러내시고 구체적인 구원의 방법을 제시해 주셨다.

이 세상에 수많은 종교 경전이 있지만 성경 외에 다른 책을 통하여 하나님은 자신을 나타내 보이신 적이 없다. 오로지 성경을 통하여 하나님은 자신을 계시해 주셨고 구원의 길을 보여주셨다.

그런데 여기서 중요한 것은 일반 계시는 모든 사람에게 해당되지만 특별 계시는 오로지 하나님의 특별한 은총을 입은 사람들에게만 해당된다는 것이다. 모든 사람은 자연 만물을 보며 하나님을 생각해 볼 수 있고 양심의 소리를 통하여 하나님에 대하여 의식할 수 있다. 그러나 성경을 통하여 구원자로서의 하나님을 만나는 것은 아무에게나 해당되는 일이 아니다. 그것은 하나님의 특별한 은총을 입은 사람들에게만 해당되는 일이다. 그래서 성경을 특별 계시라고 하는 것이다.

불교는 자기 스스로 자신을 알고자 하는 종교이다. 그래서 벽을 보면서 수십 년간 도를 닦기도 한다. 그런데 중요한 것은 우리 인간은 자기 스스로는 자신에 대하여 알 수 없다는 것이다. 이것이 인간의 한계다.

그러므로 인간은 자기 자신이 어떤 존재인가를 알기 위해서는 인간 밖의 세계에 있는 누군가를 통해 그가 어떤 존재인지를 전해 들어야 한다. 이것이 바로 계시다. 이 같은 계시의 방법이 아니고서는 인간이 자신을 알기란 불가능하다. 루트비히 비트겐슈타인(Ludwig Wittgenstein)은 이렇게 말했다.

"시간과 공간 속에 속해져 있는 삶의 수수께끼에 대한 해답은 시·공간 밖에 놓여 있다."[10]

그렇다. 이 세상에 수많은 종교가 있지만 그들이 그토록 수행을 하고 도를 닦아도 인간의 근원적인 문제에 대한 해답을 찾지 못하는 이유가 여기에 있다. 하나님께서 나타내 보이신 계시에 근거해서 자신을 살펴보는 것이 아니기 때문이다.

V. 하나님으로 인하여 의미 있는 인생

이런 말이 있다. "하나님은 자기에게 한 걸음 다가오는 자에게는 두 걸음 다가오시고 자기에게 두 걸음 다가오는 자에게는 뛰어 오신다."

인류 역사상 전심으로 하나님을 찾기 위하여 노력한 사람치고 하나님을 만나지 못한 사람은 없었다. 하나님은 자기를 찾는 자를 만나 주시겠다고 약속하셨다.

"너희가 내게 부르짖으며 내게 와서 기도하면 내가 너희들의 기도를 들을 것이요 너희가 온 마음으로 나를 구하면 나를 찾을 것이요 나를 만나리라"(예레미야 29:12-13).

하나님은 자기를 사랑하고 찾는 자를 만나 주신다. 그런데 하나님은 눈에 보이지 않는 영적인 존재다. 그러므로 하나님을 만나고자 하는 사람은 예배와 기도와 성경 말씀을 통하여 하나님을 만나고자 노력해야 한다.

인생의 마지막이 가까워 오면 인간은 그 아무리 극악한 무신론자일지라도 하나님에 대해서 한 번쯤 생각해 보게 된다. 그리고 하나님 외에는 다른 소망이 없음을 알게 된다. 결국 인간은 죽는 순간 하나님과의 관계가 어떠했는지가 가장 중요한 것이었음을 깨닫게 되는 것이다. 그러므로 우리에게 종교가 필요한 것이다. 릴리 롬린이 한 다음과 같은 말을 기억하라.

"쥐들의 미로 찾기 경주의 문제점은 비록 경주에서 이긴다 하더라도 여전히 쥐라는 사실이다."

이 말에는 깊은 의미가 들어 있다. 사람들은 다람쥐 쳇바퀴와 같은 인생의 경주에서 어떻게든 다른 사람을 이기고 승리하기 위하여 혈안이 되어 있다. 그러나 설령 그 경주에서 이긴다고 하더라도 인간이 하나님을 발견하지 못하면 그는 여전히 허무한 존재에 불과하다. 인간은 하나님을 알 때만 자신의 존재 이유와 목적을 발견할 수 있다.

VI. 하나님을 믿으라

하나님을 만나고 인생의 존재 의미를 발견하기 위해서는 하나님을 믿는 것이 가장 중요하다. 믿음이 왜 그렇게 중요한가 하면 우리는 믿음을 통하여 하나님을 알 수 있기 때문이다. 성경은 이렇게 이야기한다.

"믿음은 바라는 것들의 실상이요 보이지 않는 것들의 증거니"(히브리서 11:1).

물체는 눈으로 보아야 알고, 음성은 들어 보아야 알고, 냄새는 맡아 보아야 알고, 맛은 먹어 보아야 알고, 하나님은 믿어 보아야 알 수 있다. 밤하늘에는 반짝이는 별이 분명히 존재하지만 방안에 드러누워 있으면 천장밖에 볼 수 없다. 그러나 창문을 열면 밤하늘에 별이 반짝이는 것을 볼 수 있다. 이같이 우리도 닫혀 있는 이성으로는 하나님의 존재를 알 수 없지만 믿음의 창문을 열 때 하나님의 살아 계심을 깨닫게 된다.

어떤 면에서 믿음은 결단이다. 진리 안으로 걸어들어오고자 결심하는 것이다. 데이비드 로이드 조지는 이런 말을 했다.

"큰 걸음을 내딛는 것을 두려워 말라. 두 번의 작은 도약으로는 갈라진 틈새를 뛰어넘을 수 없다."

그렇다. 믿음은 결단이고 존재의 큰 도약이다. 과학자였다가 목사가 된 최영기 목사님이 믿음에 관하여 재미있는 말씀을 하셨다. 믿음을 가진다는 것은 하나님의 말씀을 진실 자체로 인정하고 받아들이기로 결단하는 것을 의미한다는 것이다. 그러면서 그분은 다음과 같은 의미의 말씀을 하셨다.

사실 이 세상에 우리가 진실이라고 믿는 많은 것은 우리가 보고 믿는 것이 아니라는 것이다. 우리는 권위 있는 과학자들이 그렇게 이야기했기 때문에 태양계, 원자, 혈액순환 등을 믿는다. 다 보기 때문에 믿는 것은 아니다. 마찬가지로 믿음이라는 것도 권위 있는 하나님의 말씀이, 권위 있는 예수 그리스도의 가르침이 그렇게 이야기했기 때문에 하나님의 존재를 인정하고 받아들인다는 것이다. 정말 맞는 말이라고 생각한다.

사실 이와 같은 주장은 유명한 변증가인 C. S. 루이스가 일찍이 주장한 내용이다. 그는 권위의 중요성에 대해 언급하면서 우리는 과학적 사실뿐만 아니라, 세상의 역사적 진술들도 모두 권위에 입각해서 믿는 것이라는 사실을 이야기한다.

그래서 나는 머브 로셀이 한 "Faith is saying 'Amen' to God(믿음이란 하나님께 '아멘'하는 것이다)"라는 말을 좋아한다.

놀라운 것은 우리가 그렇게 믿기로 결심하고 믿음대로 살기 시작하면 하나님이 살아 계심을 체험하기 시작한다는 것이다. 그래서 믿음에 확신이 생기게 된다. 기도의 응답이 온다. 하나님의 인도하심이 느껴진다. 기독교는 체험의 종교이기 때문이다. 기독교에 왜 체험이 있고 기도 응답이 있는가 하면 기독교의 하나님은 살아 있는 하나님이시기 때문이다. 우리가 믿는 예수님은 살아 계신 분이시기 때문이다. 그래서 지금도 예수님의 이름으로 기도하면 기적이 일어나고 역사가 일어나는 것이다.

그래서 최영기 목사님이 재미있는 말을 한마디 더 하셨다. 철학자들의 주장은 전부 그럴듯하여도 살아보면 그대로 안 되는데 성경의 주장은 말이 안 되는 것 같은데도 그대로 살아보면 전부 다 들어맞는다는 것이다. 정말 정곡을 찌르는 이야기라는 생각이 든다. 그 이유는 기독교는 진리이기 때문이다. 찰스 콜슨(Charles Colson)이 한 말을 생각해 보라.

"기독교는 진리다. 기독교는 다른 어떤 세계관보다도 우리의 경험과 일치하고, 현실에 맞으며, 일리가 있다. 그리고 존재의 문제에 해답을 준다."[11]

그러므로 신앙적인 체험의 세계로 들어가 보려면 믿음 안으로 걸어 들어와서 하나님이 정말로 존재한다는 사실을 믿기로 결단하는 것이 중요하다. 성경이 정말 하나님이 인간에게 주신 책이고, 성경의 말씀대로 이 세상을 창조하시고 우리에게 관심을 가지시는 그 하나님이 계신 것을 믿기로 결정하는 것이다.

신학자 에드워드 보이드는 신앙의 길에 들어서기를 망설이는 사람을 향해 믿음에는 언제나 도약이 필요하다고 하면서 다음과 같이 말했다.

"믿지 않기로 하는 사람, 혹은 심지어 그저 판단을 보류하기로 하는 사람 역시 엄청난 위험, 엄청난 '믿음의 모험'을 하고 있는 것이다. 그 판단이 잘못될 수도 있고 그것이 그에게 심각한 결과들을 가져다줄 수도 있기 때문이다. 그것은 마치 집 안에 있는데, 밖에 있는 누군가가 '불이야!' 하고 외치는 것과도 같다."[12]

그렇다. 우리는 불이 났다는 소리를 들으면 정말 그런 증거가 있는지 살펴보고 확신이 들면 뛰쳐나가야 한다. 물론 그 상황에서 그 말이 농담인 경우에는 사람들에게 바보처럼 보일만한 위험을 기꺼이 감수해야 한다. 그러나 그 말을 믿지 않고 집에 앉아 있는 것도 대단히 위험한 선택이다. 왜냐하면 그 말이 사실일 경우 불에 탈 위험을 감수해야 하기 때문이다. 결국 우리가 판단을 보류하기로 해도 똑같은 위험을 감수하는 셈이 되는 것이다. 그러므로 '아무런 위험도 없는 입장'은 전혀 없다.[13]

이와 마찬가지로 우리가 신앙적인 판단을 결정하기를 보류해도 그것은 하나의 선택이 된다. 하나님이 없다면 우리의 신앙은 우스꽝스러운 것이 될 것이다. 그러나 하나님이 정말 계신다면 하나님의 구원의 초청을 무시한 사람들이 맞게 될 결과는 끔찍할 것이다. 이쯤에서 우리는 파스칼이 한 다음과 같은 말을 귀 기울여볼 필요가 있다.

"나는 기독교를 진짜라고 믿다가 틀리기보다는, 가짜라고 생각했다가 그것이 진짜임을 발견하는 경우가 훨씬 더 두려울 것 같다."[14]

그래서 파스칼은 내기를 해도 좋다고까지 말했다. 그는 다음과 같이 말했다.

"하나님이 있다는 것에 대하여 내기를 건다고 볼 때 이해득실을 따져보자. 만일 이기면 모든 것을 딴다. 그러나 진다고 하더라도 잃을 것이 없다. 그러니 망설이지 말고 하나님이 있는 쪽에 걸으라.[15]

인류 역사상 가장 위대한 천재 중 하나였던 파스칼이 이렇게까지 말했다면 우리도 한번 진지하게 하나님이 계신지를 생각해 보고 탐구해 봐도 손해 볼 것이 없지 않은가? 이같이 진리의 탐구를 위하여 투자하는 시간은 여러분에게 가장 귀한 이득을 남겨줄 것이다. 왜냐하면 하나님은 진정 살아 계시고, 기독교는 진리이기 때문이다.

이 세상에 종교가 필요 없는 사람은 아무도 없다. 그러므로 망설이지 말고 여러분의 시간과 노력을 투자하여 기독교를 한번 진지하게 알아보고자 노력하라. 하나님은 여러분의 이러한 노력을 기뻐하시며 여러분을 만나 주실 것이다.

"Two men please God - one who serves him with all his heart because he knows him; one who seeks him with all his heart because he knows him not."

"두 종류의 사람이 하나님을 기쁘시게 한다. 하나님을 알기에 온 마음을 다해서 하나님을 섬기는 사람, 그리고 하나님을 알지 못하기에 온 마음을 다해서 하나님을 찾는 사람." - 저자 미상

무신론자가 한 전도

미국 최초의 선교사로 아도니람 저드슨(Adoniram Judson)이라는 분이 있다. 그는 지금의 미얀마인 버마 선교의 선구자로서 일생 동안 눈물의 헌신을 통하여 수많은 버마 사람을 주님께로 인도한 분이다. 그런데 놀라운 사실은 저드슨 선교사도 한때는 무신론자였다는 사실이다. 그는 1788년 매사추세츠의 회중 교회 목사의 아들로 태어났고 16세에 브라운 대학교에 입학해 4년 과정을 3년 만에 수석으로 졸업할 정도로 수재였다. 하지만 대학에서 만난 무신론자 친구 제이콥 애임스의 영향을 받아 신앙을 잃어버리고 방황의 세월을 보내게 되었다.

저드슨을 무신론의 늪으로 빠뜨린 친구 제이콥 애임스는 논리정연하고 기민한 설득을 통하여 저드슨으로 하여금 어릴 때부터 소중하게 간직해 오던 신앙을 저버리게 만들었다.[16] 이것은 그의 부모에게도 엄청난 충격이었다. 그의 아버지와 어머니는 저드슨이 다시 하나님께로 돌아오기를 간절히 소원했으나 그는 부모의 만류도 뿌리치고 유랑극단에 들어가 방랑자처럼 생활하게 되었다.

그러던 어느 날 저드슨은 뭔가 마음에 다가오는 괴로움을 견디지 못해 유랑극단에서 벗어나 먼 여행을 하게 되었다. 그리고 여행 도중에 어느 한 시골 여인숙에서 하룻밤을 묵게 되었다. 그런데, 그날 밤은 그에게 악몽과 같은 밤이었다. 옆방에서 어떤 사람이 죽어가고 있었기 때문이다. 저드슨은 밤새도록 들려오던 그 남자의 끊임없는 신음 소리로 인하여 한잠도 잘 수가 없었다.

그리고 죽어 가는 남자의 끔찍한 신음과 비명 소리를 들으면서 문득 이런 생각을 하게 되었다. '만일 성경이 옳다면, 저 죽어가는 남자가 천국이나 지옥에 가게 될 터인데 그는 과연 어디로 가게 될 것인가?' 저드슨은 죽음 이후의 세계에 대하여 지금까지 자신이 가져왔던 그의 철학과는 반대로, 죽음 이후에 무언가 있을 것이라는 생각을 하고 있는 자신을 발견하면서 자기가 이런 유치한 생각을 했다는 사실을 알게 된다면 그의 천재 대학 친구가 그를 얼마나 우습게 여길까 하는 생각을 했다.

그러나 다음날 아침, 저드슨이 여관 주인을 통해 죽은 사람이 누구인지를 알아보았을 때 그는 일생일대의 큰 충격을 받았다. 지난밤 그렇게 고통스럽게 죽어 간 사람은 바로 과거 저드슨의 믿음을 송두리째 앗아가 버렸던 브라운 대학 출신의 그 무신론자 친구 제이콥 애임스였던 것이다. 여기에 큰 충격을 받은 저드슨은 삶의 방향을 바꾸기로 결심하였다. 그리하여 그는 여행을 중단하고 집으로 돌아와서 앤도버 신학교에 입학했다. 그리고 얼마 지나지 않아 마침내 예수 그리스도를 믿는 믿음을 얻게 되었고, 남은 인생을 주님을 위해 바치기로 결심하게 되었다.

그 결과 아도니람 저드슨은 버마 선교사로 헌신하게 되었고 세계에서 제일 배우기 어렵다고 하는 버마어를 완전히 정복하여 버마어로 사전을 만들고 신구약 성경 전체를 번역하였다. 그는 평생의 사역을 통하여 7,000명이 넘는 버마 사람들을 예수 그리스도께 인도했다.[17] 이 얼마나 놀랍고 오묘한 하나님의 섭리인가? 그의 신앙을 빼앗아 갔던 그의 무신론자 친구가 그로 하여금 하나님께 돌아오게 하는 도구로 쓰임 받았다는 사실은 참으로 놀라운 하나님의 섭리가 아닐 수 없다.

"약간의 지식이 사람을 하나님으로부터 멀어지게 한다.
더 많은 지식은 그를 하나님께 다시 돌아가게 만든다." - 프랜시스 베이컨

02

성경은 과연 하나님의 책인가?

성경은 과연 하나님의 책인가?

"God's living word is the only hope for a dying world."
"살아 있는 하나님의 말씀만이 죽어가는 이 세상의 유일한 희망이다."

I. 성경의 중요성

이런 유머가 있다. 어떤 사람이 고서를 수집하는 상인을 만나 자기가 얼마 전 다락에서 구텐베르크라는 사람이 인쇄한 성경을 우연히 발견하게 되어 내다 버렸다고 이야기했다. 그 말을 들은 고서 수집가는 입이 딱 벌어져서 이야기했다. "당신은 지금 역사상 최초로 인쇄된 성경책을 내다 버렸습니다."

그 말을 듣고도 그 사람은 전혀 감동하는 표정이 없이 이야기했다. "글쎄요, 그래봤자 별 의미가 없어요. 글쎄 마르틴 루터라는 사람이 잔뜩 낙서를 해놓았던데 그런 책을 느가 사려고 하겠어요?"

귀한 것은 오로지 그것이 귀한 것인지 알아볼 수 있는 사람에게만 의미가 있다. 성경은 베스트셀러 중의 베스트셀러다. 구텐베르크가 최초

의 성경을 인쇄한 이래 단편성서까지 포함하면 3,000 가지가 넘는 언어와 방언으로 성경이 번역되었다. 2017년 기준으로 매년 전 세계적으로 2천 5백만 권 이상의 성경이 팔리고 있으며, 평균적인 미국인 가정은 대략 4.4권의 성경을 소유하고 있다.[18]

진정으로 성경의 가치를 아는 사람은 성경이 우리 인류를 위하여 주어진 가장 귀중한 책인 것을 인정한다. 그래서 미국인들이 가장 존경하는 에이브러햄 링컨 대통령도 "성경은 하나님께서 인류에게 주신 가장 큰 선물이다"라고 이야기했고, 영국의 엘리자베스 여왕도 "나는 영국을 버려도 성경은 버릴 수 없다"라고 이야기했다. 이들이 왜 이렇게 성경의 중요성을 강조하는 것일까? 그것은 성경은 하나님께서 인간에게 주신 유일하고 참된 진리의 말씀이기 때문이다.

그렇다면 성경이 하나님으로부터 온 진리의 말씀이라는 것을 어떻게 확신할 수 있는가? 비록 인간 저자를 통하여 성경이 기록되었지만 하나님께서 영감(inspiration)을 주셔서 성경을 인간적인 실수나 오류가 없는 살아 있는 하나님의 말씀으로 기록하게 하였다는 사실을 우리는 무엇으로 확신할 수 있는가?

먼저 성경의 신적인 권위는 성경 자체가 증거한다. 성경에는 "하나님이 말씀하셨다"라는 표현이 수없이 나온다. 이것은 성경이 명백하게 하나님께서 기록하신 책임을 입증하는 것이다. 그러나 비록 성경 자체가 그렇게 강조하고 있더라도 그것만으로는 성경의 권위성을 인정할 수 없다고 생각하는 사람들이 많이 있다. 왜냐하면 성경 자체를 믿지 않는 사람들은 성경이 주장하는 바도 어차피 믿지 않을 것이기 때문이다. 그런 사람들을 위하여 성경의 권위를 확증하는 증거들을 하나씩 살펴보자.

II. 성경의 권위성

성경의 권위성은 다음과 같은 여덟 가지의 증거를 통하여 확신할 수 있다.

1. 예수님의 확증

성경 자체가 성경이 하나님의 말씀인 것을 강조할 뿐만 아니라 예수님께서도 성경이 하나님의 말씀인 것을 분명히 하셨다. 그래서 A. 렌들 쇼트 교수는 다음과 같이 말했다.

"성경을 하나님의 말씀으로 여기는 가장 중요한 이유는 예수 그리스도가 그렇게 주장했기 때문이다."[19]

　예수님은 성경의 권위성을 인정하셨다. 사탄이 예수님을 시험하였을 때 예수님은 구약성경에 나오는 말씀을 인용하여 사탄을 물리치셨다(마 4:1-10). 또한 예수님은 죽음에서 부활하신 이후에도 엠마오로 가던 제자에게 구약에 나오는 모세와 모든 선지자의 말들을 인용하여 자신의 부활 사건을 설명해 주셨다(눅 24:27).

　예수님께서는 성경의 권위에 대하여 단호한 태도를 취하셨다. 예수님께서 구약의 권위를 뛰어넘는 말씀을 전하시자 사람들은 그가 구약의 말씀을 폐하고자 하는 것이 아닌가 하고 생각했다. 그러나 예수님은 "성경은 폐하지 못하나니"(요 10:35)라고 하셨을 뿐만 아니라 "천지가 없어지기 전에는 율법의 일점 일획도 결코 없어지지 아니하고 다 이루리라"(마 5:18)고 말씀하셨다. 이것은 성경의 모든 글자가 절대로 무시되어서는 안 될, 하나님의 영감으로 기록된 말씀인 것을 강조하신 것이다.

그뿐 아니라 예수님은 성경에 나오는 기적 사건들을 모두 실제로 일어난 사건으로 인정하셨다. 예수님은 구약에 나오는 만나의 기적을 사실로 언급하셨을 뿐만 아니라 요나가 물고기 배에 들어갔다가 나온 것을 실제 일어난 사건으로 인용하셨다. 이것은 예수님이 당시 유대인들이 가지고 있었던 구약성경의 모든 권위를 그대로 인정하신 것을 의미하는 것이다. 그래서 영국 작가 존 W. 웬흠은 다음과 같이 말했다.

"그리스도에게 있어 성경은 진리와 권위와 영감으로 가득 찬 것이요, 그에게 있어 성경의 하나님은 살아 있는 하나님이며, 성경의 가르침은 곧 살아 있는 하나님의 가르침이다. 그에게 있어 성경이 말하는 것은 하나님이 말씀하는 것이다."[20]

우리는 메시아이신 예수께서 성경의 완전한 권위성을 인정하셨기에 성경을 하나님의 말씀으로 받아들일 수밖에 없는 것이다.

2. 성경의 통일성

성경은 다양한 경험을 가진 수많은 저자들에 의해서 오랜 시간에 걸쳐서 형성된 책이다. 그럼에도 불구하고 성경 전체의 주제가 하나로 통일되어 있다는 사실은 성경이 하나님의 영감으로 기록된 책이라는 것을 증명해 주는 강력한 증거다.

성경은 처음부터 끝까지 일관된 이야기를 한다. 성경 제일 처음에 나오는 창세기에는 인간 역사의 기원이 나오고, 요한계시록에는 인간의 모든 역사가 예수 그리스도 안에서 어떻게 그 장엄한 대단원의 막을 내리는지를 보여준다. 창세기의 에덴동산에는 네 개의 강과 생명나무가

나오고 요한계시록에는 다시 생명수 강물과 만국을 소생케 하는 생명나무의 이야기가 나온다. 이 같은 성경의 통일성에 대하여 스티브 쿠마 교수는 다음과 같은 말을 했다.

"성경은 1500년간 40여 명 이상의 다른 저자들에 의해서 기록되었다. 정치 지도자였던 모세, 목동이었던 아모스, 왕이었던 솔로몬, 내과 의사였던 누가, 세관원이었던 마태, 어부였던 베드로, 학자였던 바울 등이 그 저자이다. 성경은 아시아, 아프리카, 유럽 세 개의 대륙에서 기록되었고, 히브리어, 아람어, 그리스어 세 개의 언어로 기록되었다. 그리고 성경은 다른 여러 장소에서 기록되었다. 모세는 광야에서, 다니엘은 왕궁에서, 예레미야는 지하 감옥에서, 바울은 로마 감옥에서, 누가는 여행 중에 기록했다. 또한 성경은 서로 다른 시기에 기록되었다. 다윗은 전쟁시에 기록했고, 솔로몬은 평화시에 기록했다. 그런데 놀랍게도 성경은 완전한 통일성을 가지고 있다."[21]

성경이 비록 인간 저자에 의해 기록된 책이지만 이같이 놀라운 통일성을 가지고 있다는 것은 그 자체로서 성경의 저자가 하나님이시라는 놀라운 증거가 된다.

3. 예언의 정확한 성취

성경의 권위성은 성경에 나타난 수많은 예언과 그 예언의 정확한 성취로 인하여 더더욱 신뢰를 얻는다. 놀랍게도 성경에는 미래에 대한 예언이 놀랍도록 상세하게 나오고 그것이 너무나 정확하게 성취되었다.

특별히 구약에는 메시아에 관한 333가지 예언이 나오는데 이 예언의 대부분이 예수 그리스도께서 오셨을 때 성취되었다.[22] 나머지는 그분의 재림 때 성취될 것이다. 불경이나 코란을 포함해서 성경 외의 어떤 종교 경전도 그 종교의 지도자가 어떤 모습으로 세상에 오며, 어떻게 죽을 것인가 하는 것이 구체적으로 예언되어 성취된 적이 없다.

또한 성경에는 성읍들과 나라들에 관한 2,000개 이상의 예언이 나오는데 믿을 수 없을 정도로 구체적이고 자세하다. 이것들은 대부분 정확

하게 성취되지 않으면 예언의 진실성이 의심받을 수밖에 없는 것들이
다. 그런데 놀랍게도 이 예언이 기록된 이후 수백, 수천 년의 세월이 흐
르면서 이 예언들은 놀랍게 성취되었다.[23] 이것을 보더라도 성경의 권위
에 대하여 의심할 수가 없는 것이다.

4. 고고학적인 증거

성경의 권위성은 고고학을 통하여서도 증명이 된다. 지금까지 역사
상 수많은 사람이 성경의 권위를 흔들기 위하여 고고학적인 조사를 실
시했는데 오히려 그러한 고고학적인 연구가 성경에 대하여 더 많은 권
위를 부여하는 결과가 되었다. 저명한 고고학자인 넬슨 글루엑은 말하
기를 지금까지 발견된 어떠한 고고학적인 발견도 성경 본문의 내용을
반박하는 것은 단 하나도 없었다고 주장하고 있다.

넬슨 글루엑은 성경을 지침서로 사용하여 트랜스 요르단 지역에서
천 개 이상의 고대 유적지를, 그리고 네게브 지역에서 오백 개 이상의
고대 유적지를 발견했다. 다음은 글루엑 교수가 언젠가 뉴욕 타임스지
에 기고하면서 언급한 내용이다.

"나는 성경 고고학 분야에서 오랜 시간을 보내왔고 성경에 나와 있는 역
사적 진술들을 대략적으로 또는 세부적으로 확증해 주는 것들을 동료들
과 함께 발견해 왔다. 나는 더 멀리 나아갈 준비가 되어 있으며 어떤 고고
학적 발견도 성경에서의 역사적 진술들과 모순되거나 그 진술들을 반박
하지 못한다고 말할 준비가 되어 있다."[24]

지금까지 고고학자들을 통하여 성경과 관계있는 2만 5천여 곳의 장

소가 발견되었고 성경에 나오는 수천, 수만의 인물들과 사건들에 대한 기록이 발견되었다.[25] 그리고 그 발견들은 모두 성경 기록의 정확성을 지지하는 것이었다. 그 결과 윌리엄 올브라이트 박사는 "고고학이 구약 성경 전승의 본질적인 역사성을 확증했다는 점은 의심할 여지가 없다"고 말하였다.[26]

고고학자 중 윌리엄 람세이 경(Sir William Ramsay)이라는 분이 있다. 이분은 옥스퍼드 대학에서 박사 학위를 받은 분이다. 그는 무신론자의 아들로 태어난 철저한 무신론자로서 성경 누가복음과 사도행전의 기록이 고고학적으로 엉터리라는 것을 증명하기 위하여 평생을 바쳐 이 부분을 연구할 것을 결심하고 성지로 향하였다.

그러나 그의 연구가 계속될수록 그는 누가복음과 사도행전을 쓴 누가의 모든 기록의 정확성에 큰 감동을 받았다. 결국 25년 이상의 연구 끝에 그는 성경의 내용들이 놀라울 정도로 정확하다는 사실을 인정하는 책을 쓰게 되었고 그 책에서 그는 자신이 기독교인이 되었다는 것을 밝혔다.[27] 다음은 그가 주장한 내용이다.

"나는 누가의 모든 역사 기록들이 그 신뢰성에 있어서 비길 데 없이 탁월하다는 생각을 가지고 있다. 여러분은 누가의 말을 다른 역사가들의 말 이상으로 면밀히 조사할 수 있지만 그의 말은 가장 세밀한 조사와 가장 혹독한 취급도 견디어 낼 수 있다."[28]

성경이 고고학적으로 그렇게 압도적인 지지를 받을 수 있다는 것은 무엇을 의미하는가? 그것은 성경의 내용의 진실성을 의심할 수 없다는 것을 의미한다. 자운시(Jauncey) 박사는 다음과 같이 정곡을 찌르는 말을 하였다.

"만일 성경이 이런 알기 어려운 세부 사항에서도 진실함을 보여준다면 성경의 어떤 부분도 위조자의 작품이 될 수 없을 것이다."[29]

그렇다. 이 모든 일련의 증거가 성경의 신빙성을 확실히 보여준다면, 성경이 하나님의 영감으로 기록된 책이라는 성경 자체의 주장을 결코 거짓으로 돌릴 수 없음을 우리는 알 수 있다.

5. 사본의 진실성

성경의 권위에 관하여 이야기할 때 빼놓을 수 없는 것이 성경 사본의 진실성이다. 성경은 다른 고대 문서와 마찬가지로 모든 원본이 사라졌고 사본만이 기록되어 전해지고 있기 때문에 성경 문서의 진실성에 대하여 의문을 품을 수 있다. 그러나 성경은 지금까지 역사적으로 기록된

어떤 문서보다 가장 믿을 수 있는 고대 문서다. 다음의 도표를 보라.[30]

저자	쓰여진 시기	최초 사본	경과 기간	사본의 수
플라톤	B.C. 400년	A.D. 900년	1300년	7
시저	B.C. 100년	A.D. 900년	1000년	10
아리스토텔레스	B.C. 300년	A.D. 1100년	1400년	5
태시투스	A.D. 100년	A.D. 1100년	1000년	20
신약성경	A.D. 100년	A.D. 200년	100년	5,300

여기서 우리가 주목해 보아야 할 두 가지는 성경 사본의 숫자와 최초 원본과 사본이 나오기까지의 경과 시기다. 성경 사본이 다른 어떤 사본들보다 개수 면에서 월등하다. 플라톤이나 아리스토텔레스의 저작은 10개가 안 되는데 비해 신약성경은 5,000개가 넘는다. 신약 다음으로 사본이 많다고 하는 호머의 『일리아드』도 사본이 약 650개에 못 미치는데 신약의 헬라어 사본의 숫자는 5,300개나 되는 것이다.

그리고 사본 간의 불일치는 무시해도 좋을 만큼 미미하다. 5,000개가 넘는 사본 간의 차이가 거의 없는 것은 지금까지 전해진 사본들만으로도 원본의 내용이 거의 훼손되지 않고 그대로 전해졌다는 것을 확증해 주는 것이다.

또한 경과 시기를 보면 일반적인 고대 작품의 경우, 사본들은 원본보다 1000년 혹은 그보다 훨씬 지난 후에 쓰여진 것이지만 신약의 사본들은 원본이 나온 후 100년 안에 최초 사본이 기록되기 시작하였다. 그러므로 우리는 지금까지 우리 손에 전해진 성경을 원본 그대로 하나님의 영감된 책으로 아무 의심 없이 받아들일 수 있는 것이다. 그래서 유명한 영국의 고전주의학자이자 도서관장이며, 21년간 대영박물관장을 지냈

던 프레드릭 케년경은 다른 무엇과도 비교할 수 없는 신약성경 본문의
신빙성에 대하여 이렇게 말했다.

"신약성경 원본이 작성된 날짜와 현존하는 최초의 증거들 사이의 시간 간
격은 사실 무시해도 좋을 만큼 짧다. 그리고 성경이 실질적으로 원래 쓰
여 있는 그대로 우리에게 전해 내려왔을까에 대한 어떤 의혹도 이제 그
마지막 근거까지 제거되었다. 신약성경 각 책들의 진정성과 전반적 완전
성은 최종적으로 확립된 것으로 보아도 좋을 것이다."[31]

그러면서 그는 이런 말을 덧붙인다.

"그리스도인은 손에 성경을 들고 두려움이나 주저함 없이 말할 수 있다.
자신이 손에 들고 있는 것은 수 세기에 걸쳐 본질상의 어떤 훼손도 없이
전해 내려온 진실한 하나님의 말씀이라고 말이다."[32]

사본의 진실성과 함께 우리가 생각해 보아야 할 것은 성경의 내용상
의 진실성이다. 사람들은 신약성경은 사건들이 발생한 지 여러 해가 지
난 후에 기록되었기 때문에, 믿을 만한 자료가 되지 못한다고 생각한다.
그러나 그것은 잘못된 생각이다. 성경에 기록된 내용들을 진실한 내용
으로 믿을 수 있는 근거는 예수 그리스도의 생애가 그것을 직접 목격한
사람들에 의해 기록되었다는 데 있다.

사도행전은 누가가 누가복음의 후속편으로 교회의 탄생과 사도 바울
의 선교 내용을 기록한 것인데 여기에는 바울이 로마에 있는 것으로 기
록되어 있고 그의 죽음에 대한 기록은 없다. 이것은 사도행전이 바울이

죽기 전에 기록된 것임을 보여 주는 것으로 바울은 A.D. 64년 네로 황제의 박해 시대에 처형당했다고 알려져 있기에 우리는 사도행전이 적어도 이 시대보다 앞서 쓰였음을 알 수 있다.

만약 사도행전이 A.D. 64년 이전에 쓰였다면 누가복음은 사도행전보다 먼저 기록되었으므로 A.D. 50년대 후반이나 A.D. 60년대 초반에 기록되었을 것이다. 그리스도의 죽음이 A.D. 30년경이므로 누가복음의 기록은 그리스도의 죽음 이후 30년 이내에 기록된 것임을 알 수 있다.

이것은 대단히 중요한 의미를 지닌다. 신약성경 저자들의 글이 예수 그리스도의 사건을 목격한 사람들이 살아 있는 때에 쓰이고 읽혔다는 사실은 그들이 거짓으로 기록을 남길 수 없었다는 것을 의미한다. 그들이 만약에 예수의 기적 사건이나 부활 사건을 거짓으로 기록하였다면 그것을 목격한 사람들이 그때까지 살아 있었기 때문에 당장 그것을 반박하는 주장이 일어났을 것이기 때문이다.

일반적으로 학자들은 어떤 사람의 행적에 전설이나 신화적인 요소가 첨부되려면 수백 년의 세월이 필요하다고 본다. 그러나 예수 그리스도의 경우는 그의 사후 30년도 안 된 시기에 복음서가 기록되기 시작했기 때문에 예수의 일생이 신화적 요소들로 착색될 시간적 여유가 없었을 것이다. 이것을 보면 성경에 나오는 예수 그리스도의 여러 가지 기적 사건들은 실제로 일어난 것임이 틀림없다는 것을 알 수 있다.

6. 과학적인 증명

과거 과학적, 합리적 사고가 발달하기 시작하던 시기에 사람들은 앞으로 과학이 발달하면 성경이 과학적 근거가 없는 미신적인 책으로 낙인찍힐 것이라고 생각하였다. 그러나 성경은 하나님께서 쓰신 책이기 때문에 오히려 과학이 발달함에 따라 점점 더 성경이 옳다는 것이 증명되었을 뿐이다. 다음은 성경에서 찾아낸 놀라운 과학적 정보들이다.

오늘날 우리들은 청결한 생활이 중요하다는 것을 알고 있지만 옛날 사람들은 그것을 잘 몰랐다. 왜냐하면 사람들이 청결의 중요성을 깨닫게 된 것이 그렇게 오래전의 일이 아니기 때문이다. 1840년대에 오스트리아에 살고 있던 이그나즈 젬멜바이스(Ignaz Semmelweis)라는 의사는 산부인과 병동에서 근무하고 있었는데, 자신의 병원에 치료를 받으러 오는 여성들이 많이 죽는 것을 발견하였다. 그는 그 이유를 알아보다가 자신의 환자들이 시체 검시를 막 끝낸 의사들에게 진료를 받고 있다는 사실을 알아냈다.

그래서 젬멜바이스는 새로운 규칙을 정하였다. 그것은 모든 의사와 간호사들이 시체를 만진 다음에 반드시 손을 씻어야만 환자들을 치료할 수 있다는 규칙이었다. 그다음부터는 당연히 죽는 사람들 숫자가 훨씬 적어졌다. 그 후 루이 파스퇴르가 세균을 발견하게 되어 젬멜바이스가 옳았다는 것과 그 이유를 증명하였다. 그러나 놀라운 사실은 3000년도 더 된 성경책 속에 이미 하나님께서는 시체를 만진 이후에는 깨끗이 씻어야 한다는 것을 말씀해 놓으셨다는 사실이다.[33]

또한 과거에 사람들은 어떻게 해서 비가 내리는지 그 이유를 잘 몰랐다. 바닷물이 증발하여 비가 되어 내리는 물의 순환 작용은 300년 전 갈릴레오가 그런 생각을 처음으로 했다. 그러나 놀랍게도 성경은 이미 수천 년 전에 그것을 알고 있었다.[34]

아모스 9장 6절을 보면 "그의 궁전을 하늘에 세우시며 그 궁창의 기초를 땅에 두시며 바닷물을 불러 지면에 쏟으시는 이니 그 이름은 여호와시니라"라는 말씀이 있다. '바닷물을 불러 지면에 쏟는다'는 것은 증발에 의한 물의 순환 작용을 의미하는 말이다. 이것은 성경이 하나님의 영감으로 기록된 책이라는 명백한 증거가 된다.

그리고 욥기 28장 25절에 보면 "바람의 무게를 정하시며 물의 분량을 정하시며"라는 말씀이 있는데 이것은 바람에도 무게가 있다는 말로서 지금 우리가 사용하는 고기압, 저기압이란 말이 이에 해당된다. 이처럼 공기에도 무게가 있다는 사실은 A.D. 1643년에 토리첼리가 기압계를 만들게 됨으로 알게 되었는데 이보다 3500년 전에 쓰여진 욥기에 이 사실이 이미 나와 있다는 사실은 놀라운 일이 아닐 수 없다.[35]

또한 욥기에는 지구가 우주의 허공에 떠 있다는 사실도 나와 있다. 욥기 26장 7절에 보면 "그는 북쪽을 허공에 펴시며 땅을 아무것도 없는 곳에 매다시며”라고 이야기함으로써 지구가 공중에 매달려 있는 상태로 있다는 것을 분명하게 밝혔다.[36] 이것은 성경이 하나님의 감동으로 기록된 것이라고 보지 않으면 도저히 설명할 수 없는 것이다. 또한 예레미야서에 나오는 다음과 같은 내용도 흥미롭다.

“하늘의 만상은 셀 수 없으며 바다의 모래는 측량할 수 없나니 내가 그와 같이 내 종 다윗의 자손과 나를 섬기는 레위인을 번성하게 하리라 하시니라”(예레미야 33:22).

이것이 왜 대단한 내용인가 하면 1700년대 망원경을 발명하기 전까지 사람들은 하늘의 별들의 숫자가 3,000개 미만이라고 생각했기 때문이다. 그런데 하늘에 있는 만상, 즉 별들의 숫자가 셀 수 없다는 것을 이미 성경에 기록해 놓았다는 사실이 놀랍지 않은가?

이같이 성경은 과학책은 아니지만 과학적으로도 오류가 없는 책임을 우리는 알 수가 있다. 결론적으로 우리는 G. B. 하디가 한 말을 생각해 볼 필요가 있다. 그는 이렇게 말했다.

“이집트인, 바빌로니아인, 그리스인, 또는 로마인의 위대한 저서들을 고려해 볼 때, 여러분은 그것들이 얼마나 과학적으로 말도 안 되는 대실수들로 가득 차 있는지 알게 된다. 그리고 성경 역시 실수를 범하지 않고 빠져나간다는 것은 불가능하다고 생각하게 된다. 그러나 성경은 34세기 간의 학문 이래로, 단 하나의 입증된 실수도 없이 굳건히 서 있다.”[37]

7. 성경의 불멸성

지난 수천 년 동안 지구상에 있는 모든 권력이 총집합해서 성경을 파괴하고자 했으나 성경은 지금까지 여전히 굳건히 남아 있다. 이 같은 성경의 불멸성 자체가 성경은 하나님께서 거룩하게 영감을 불어넣으신 책이라는 증거가 된다.

구약성경을 보면 악한 왕 므낫세는 성경을 모두 없애도록 명령했고 그로 인하여 성전 구석에 숨겨져 있던 단 한 권의 성경을 빼고 모든 율법책이 다 파괴되었다. 그러나 그가 죽고 불과 20년 후 그의 손자 요시야가 왕으로 등극한 후 그 숨겨진 율법책을 발견하여 이스라엘에는 큰 부흥이 일어났다.

그 후 주후 303년에 로마의 황제 디오클레티아누스(Diocletianus)는 성경책을 모두 불태워 버리라고 명령했다. 그는 자기가 성공할 것이라고 생각하고 "기독교는 이제 없어졌다"라고 새긴 메달을 걸고 다니기까지 했다.[38] 그러나 그가 죽고 불과 10년이 지나지 않아 콘스탄틴 대제가 기독교를 국가적으로 인정하고 모든 사람이 성경을 읽도록 장려했다.

성경을 없애고자 하는 시도는 그 이후에도 계속되었다. 중세 시대에는 성경이 읽어서는 안 되는 금서 목록에 들어가 있었다. 그래서 윌리엄 틴데일(William Tyndale) 같은 사람은 당시 어려운 라틴어와 헬라어로 되어 있는 성경을 쉬운 영어로 번역하였다가 화형을 당하게 되었다. 존 위클리프(John Wycliffe)도 성경을 영어로 번역한 죄로 그의 시체는 파헤쳐져 불에 태워지고 그 재는 강물에 뿌려졌다.[39] 그러나 성경은 사라지지 않았다.

하나님은 윌리엄 틴데일이 목숨이 끊어지기 전에 마지막으로 드린 기도를 들어주셨다. 그의 기도 내용은 "주여, 영국 왕의 눈을 열어 주소서!"라는 것이었는데 놀랍게도 그가 죽고 난 후 영국 왕 제임스 1세는

1611년 자신의 명령하에 새롭게 번역한 영어 성경을 발행하게 하였다. 그것이 바로 지금까지 가장 전통 있고 권위 있는 성경으로 정평이 나 있는 'King James Version'(흠정역) 성경이다.

그 후에도 수많은 사람이 성경을 비판하고 사라지게 하려고 시도했지만 모두 실패했다. 18세기의 유명한 계몽주의 철학자 볼테르(Voltaire)는 장담하기를 성경이 거짓이라는 사실을 증명하기만 하면 50년 내에 기독교는 사라질 것이라고 하였다. 그러나 성경은 여전히 최고의 베스트셀러로 남아 있고 그가 죽은 지 20년 만에 제네바 성서공회에서는 오히려 그의 집을 사서 성경을 전 세계에 보급하는 성서공회 출판소로 삼았다.

역사상 성경만큼 미움을 받은 책이 없었다. 그 이유는 성경은 인간의 죄악을 지적하기 때문이다. 그러나 사실 성경을 싫어하는 세력이 그토록 많다는 것 자체가 역설적으로 성경이 보통 책이 아니라는 것을 보여 주는 것이다. 사탄은 하나님의 말씀인 성경을 파괴하려고 갖은 수를 다 썼다. 그러나 성경은 지금도 사라지지 않고 여전히 인류 최고의 베스트셀러로 자리를 지키고 있다. 그래서 나폴레옹은 성경에 대하여 이런 말을 남겼다.

"성경은 단순한 책이 아니다. 그것은 자신을 대적하는 모든 것들을 정복하는 살아 있는 능력이다"[40]

버나드 램 박사는 성경의 불멸성에 대하여 다음과 같이 적절하게 언급했다.

"천 번도 넘게 성경의 죽음을 애도하는 종소리가 울려 퍼졌고 장례 절차가 결정되었으며 묘비에 비문이 새겨졌고 조사가 낭독되었다. 그러나 어찌 된 일인지 그 시체는 꼼짝 않고 누워 있던 적이 없다. 다른 어떤 책도 그렇게 저며지고 베어지고 체로 걸러지고 샅샅이 조사되고 중상모략을 받은 적이 없다. 철학이나 종교나 심리학의 어떤 책이, 또는 고전 문학이나 현대 문학의 어떤 책이 성경만큼 그렇게 집중적인 공격을 받은 적이 있었는가? 그런 독설과 그런 의심을? 그렇게 철저하고 그렇게 해박한 지식을 통해? 모든 장과 모든 절과 모든 교리에 대해? 그러나 성경은 여전히 수백만 명의 사랑을 받고 있고, 수백만 명에게 읽히고 있으며, 수백만 명에 의해 연구되고 있다. 그것은 여전히 문학 세계에서 가장 많이 출판되고 가장 많이 읽히는 책으로 남아 있다."[41]

8. 변화된 자들을 통한 증거

성경을 통하여 변화된 사람들도 성경의 권위에 대한 강력한 증거가 된다. 19세기에 '챨스 브래드러'라고 하는 유명한 무신론자가 '휴 프라이스 휴즈'라고 하는 기독교인을 만나 기독교가 전파하는 내용이 과연 진짜인가에 대하여 토론을 해보자고 제안을 했다. 당시 제안을 받은 휴즈는 런던의 빈민가에서 가난한 사람들을 상대로 활발한 전도 활동을 벌이고 있던 사람인데 그는 무신론자인 브래드러에게 자신이 제시하는 조건을 충족시키면 그 토론에 응하겠다고 하였다.

그 조건은 각자가 자신이 주장한 것을 믿고 죄와 수치의 삶에서 회복된 사람들을 증거로 데려오는 것이었다. 그러면서 휴즈는 기독교를 믿고 변화된 사람 100명을 데려올 테니 상대방도 그렇게 하라고 이야기했다. 그러고 나서 휴즈는 바로 그에게 100명이 안 되면 50명을, 그것도 안 되면 20명을 데려와도 좋다고 이야기했다. 마지막에 그는 한 명이라도 좋다고 했다. 이 말을 듣고 당황한 브래드러는 결국 아무 말도 하지 못하고 조용히 사라져 버렸다.

지금까지 인류 역사상 무신론을 굳건하게 믿어서 삶이 변화되었다고 주장하는 사람은 단 한 명도 없었다. 그러나 성경을 통하여 삶이 변화되었다고 주장하는 사람은 이루 헤아릴 수 없이 많다.

성경 말씀이 사람을 변화시키는 능력이 있음에 대한 증거는 도처에 깔려 있다. 캐나다에 존 케디라는 선교사가 있었다. 그는 어느 날 식인종들이 사는 작은 섬으로 복음을 들고 나갔다. 그는 그리스도의 사랑으로 그들을 돌보고 언어를 습득하여 성경을 번역하고 교육을 시켰다. 그가 죽었을 때 그의 기념비에는 이렇게 적혀 있었다.

"1848년에 그가 이곳에 처음 상륙했을 때에는 이곳에 그리스도인이 한 명도 없었다. 그러나 그가 세상을 떠난 1872년에는 여기 식인종이 한 명도 없다."

그는 섬사람 모두를 그리스도인이 되게 한 것이다.

한번은 어떤 전도지에 이런 이야기가 있었다. 어떤 사람이 한 섬에 상륙하여 해변을 거닐다가 그곳에 사는 원주민 청년이 성경을 열심히 읽고 있는 것을 보았다. 그것을 본 그 사람은 비웃으며 그런 시시한 책을 뭘 그렇게 열심히 보느냐고 했다. 그러자 그 원주민은 정색을 하며 이 성경이 없었다면 당신은 벌써 나에게 잡아 먹혔을 것이라고 했다. 그 말을 들은 그 사람은 큰 충격을 받았다. 그 원주민은 식인종이었던 것이었다.

성경은 이같이 사람을 변화시키는 능력이 있다. 성경으로 인하여 인생이 바뀌고 변화된 사람은 이루 헤아릴 수 없이 많다. 그러나 무신론으로, 하나님이 없다는 확신 때문에 삶이 바뀌고 인생이 바뀐 사람은 단 한 사람도 없다.

III. 성경은 지금도 살아 있다.

성경은 하나님의 말씀이기에 그 자체로 살아서 역사하는 하나님의 능력을 보여주는 경우가 많이 있다. 이것에 대한 강력한 증거가 한국 교회사에 남아 있다. 바로 토마스 선교사가 준 성경 이야기다.

토마스 선교사는 영국 목사로서 1866년 8월, 평양의 대동강에 들어온 미국 국적의 상선 제너럴셔먼호의 통역자로 승선했다가 한국 개신교 최초의 외국인 순교자가 된 사람이다. 당시 토마스 선교사는 붙잡혀서 참수형을 당하면서 그가 가지고 온 한문 성경책을 내밀었다. 그의 목을 친 병사 박춘권은 토마스 선교사가 준 성경책을 받아왔다.

토마스 선교사가 전해 준 성경은 비록 그 주인은 죽었지만 그 후 계속해서 놀라운 위력을 발휘했다. 그의 목을 친 박춘권은 성경을 읽고 변화를 받아서 평양교회의 장로가 되었고, 그의 조카인 이영태는 숭실대학을 졸업한 뒤 한글 성경의 3분의 2를 번역한 레이놀즈 선교사의 조사가 되어 성경 번역에 큰 기여를 하게 된다.

토마스 선교사는 죽는 순간까지 주위 사람들에게 성경을 여러 권 나누어 주었는데 우연히 얻게 된 성경을 아무것도 모르고 뜯어서 집의 벽지로 사용하던 박영식의 집은, 평양 최초의 교회인 널다리골 교회의 예배 처소가 되었다. 그리고 이 교회가 나중에 장대제 교회로 이름을 바꾸었다가 장대현 교회가 된다. 그리고 이 장대현 교회에서 1907년 그 유명한 평양 대부흥 운동이 일어나게 된다.[42]

이것이 바로 살아 있는 성경의 능력이다. 성경은 신적인 능력을 가지고 있기에 비록 성경을 전달해 준 사람이 죽었을지라도 계속해서 그 성경을 접하고 읽는 사람의 삶을 변화시키는 능력을 발휘하는 것이다.

"성경은 지금까지 인쇄된 다른 모든 책을 합친 것과 같은 가치가 있다."
- 페트릭 헨리

유대인의 저력

　유대인의 인구는 대략 1,500만 명 정도이다. 이는 남한의 1/3쯤 되는 인구로서 전 세계 60억 인구 가운데 0.2%에 불과하다. 그러나 2002년을 기준으로 역대 노벨상 수상자 270명 가운데 유대인이 122명으로 전체 수상자의 45%이다.[43] 뿐만 아니라 유대인들 가운데는 종교, 물리학, 화학, 의학, 문학, 음악, 미술, 경제, 철학 분야에 큰 업적을 남긴 사람들이 허다하다.

　미국에는 약 700만 정도의 유대인이 살고 있는데 이는 미국 인구의 2.5% 정도밖에 되지 않는 숫자이다. 그러나 현재 미국 대학교 가운데 소위 아이비리그라고 불리는 하버드, 예일, 컬럼비아, 프린스턴 등의 일류 대학교 교수진의 30%가 유대인이다. 특히 프린스턴 대학교의 경우는 총장 및 주요 행정 책임자의 90%가 유대인이며 하버드 대학교나 UCLA의 의대나 법대 교수 중 50%도 유대인이다.[44]

　그뿐 아니라 미국 월스트리트도 유대인이 장악했고 세계 5대 메이저 식량 회사 중 3개가 유대인 소유이다. 그리고 7개 메이저 석유회사 중 6개가 유대인 소유이고 미국에 있는 3개 방송사인 ABC, CBS, NBC와 AP, UPI, AFP, 로이터, 타임스, 뉴스위크, 워싱턴 포스트, 뉴욕 타임스, 월스트리트 저널 등 대부분의 유력 언론사도 유대인에 의해서 움직여지고 있다.[45]

　또한 미국 뉴욕시의 금융 상업 중심지인 맨해튼 땅의 99%를 유대인이 소유하고 있으며[46] 미국 은행 현금의 97%를 유대인이 차지하고 있다.[47] 유대인은 또한 미국 경제뿐만 아니라 세계 경제를 주름잡고 있다. 미국 중앙은행에 해당하는 FRB(연방준비제도 이사회)의 앨런 그린스펀 의장, 세계 최대 규모의 금융지주회사 시티그룹의 샌 포드 웨일 회장, 세계 헤지펀드 업계의 대부로 통하는 조지 소로스 등이 다 유대인들이다.

　그뿐 아니라 할리우드의 7대 메이저 중에서 파라마운트, 20세기 폭스, 워너 브라더스, 콜롬비아, 유니버설, MGM 등이 모두 유대인에 의해서 설립되었다.[48]

우리가 잘 알고 있듯이 위대한 헬라 문화를 꽃피운 그리스나 역사상 가장 강력한 국가를 건설했던 로마도 1000년 이상의 영광을 누리지 못했다. 그러나 유대인들은 지금까지 수많은 박해와 끔찍한 학살과 유배를 당하면서도, 5000년에 걸쳐 창조적인 역사를 이어 오고 있다. 그렇다면 과연 그 비결이 무엇일까? 그것은 그들이 자녀들을 하나님의 말씀으로 양육했다는 사실이다. 유대인들은 어릴 때부터 어머니를 통해 철저하게 토라(모세오경)를 암기한다. 그래서 유대인 랍비들은 지금도 6명 정도만 모이면 각자가 암기한 것을 모아 구약성경을 완전히 적을 수 있다고 한다.

이것이 하나님의 말씀의 능력이다. 비록 유대인들은 아직까지 예수 그리스도를 메시아로 받아들이지 않고 있지만 지금까지 그들이 하나님의 말씀을 가까이해 왔기 때문에 하나님께서는 그들을 세계 최고의 민족으로 우뚝 세워 주신 것이다.

예수 그리스도의 복음을 받아들이지 않는 유대인들이 구약만 가지고도 이토록 위대한 나라를 건설할 수 있었다면 우리가 만약 자녀들을 예수 그리스도를 믿는 신앙 안에서 제대로 말씀을 가르쳐서 키운다면 우리 민족이 전 세계적으로 얼마나 위대한 민족이 될 것인가! 자라나는 청소년들에게 성경 교육이 필요한 이유가 여기에 있다.

03

인간은 | 스스로를 구원할 수 있는가?

인간은 스스로를 구원할 수 있는가?

"나는 의인, 위인, 성자의 세 단어를 믿지 않는다. 이 땅에는 오직 한 가지 종류의 사람들만이 존재한다. 그들은 죄인이다." – 파스칼

I. 성경적인 인간 이해

여러분은 인간을 어떤 존재로 이해하는가? 인간은 성인인가 악인인가? 아니면 그 중간적인 존재인가? 과거로부터 많은 철학자나 사상가들이 인간은 어떤 존재인가 하는 것을 가지고 고민해 왔다.

우리가 알다시피 유교에서는 인간의 본성에 관하여 두 가지 상반된 학설이 전해져 온다. 그것은 인간은 날 때부터 선하다는 성선설(性善說)과 날 때부터 악하다는 성악설(性惡說)이다. 성선설은 맹자가 주장하였고, 성악설은 순자가 주장하였다. 그렇다면 성경이 말하는 인간 이해는 무엇인가? 성선설인가 성악설인가? 아니면 그것을 넘어서는 그 무엇이 있는가? 그것을 지금부터 살펴보기로 하자.

II. 인간과 하나님의 형상

요한복음 3장 16절은 하나님이 세상을 이처럼 사랑하사 독생자(獨生子)를 주셨다고 말씀한다. 여기서 세상은 우리 인간을 의미하는 말이다. 그렇다면 하나님께서 당신의 아들을 주실 정도로 우리를 사랑하신 이유가 무엇인가? 그것은 우리 인간은 다른 동물들과 달리 하나님의 형상을 지니고 있기 때문이다.

> "하나님이 자기 형상 곧 하나님의 형상대로 사람을 창조하시되 남자와 여자를 창조하시고"(창세기 1:27).

우리가 하나님의 형상대로 창조되었다는 것은 무엇을 의미하는가? 그것은 눈이나 코나 귀가 하나님을 닮았다는 말이 아니다. 그것은 우리 인간이 이 세상에서 유일하게 하나님의 성품을 비추고 반사할 수 있는 고유한 능력을 지니고 있다는 것을 의미한다. 사람은 이 세상의 어떤 동물과도 다르게 지·정·의가 있는 존재이며 도덕적인 의식이 있고 하나님과 인격적으로 교제할 수 있는 능력이 있다. 이것이 하나님의 형상대로 지음을 받은 인간이 가지고 있는 놀라운 특권이다. 그래서 인간은 하나님을 알 때만 자신의 진정한 존재 가치를 알 수 있다.

진화론적인 관점에서 보면 인간은 참으로 보잘것없는 존재다. 왜냐하면 인간은 아무것도 아닌 아메바 덩어리에서 우연히 진화된 존재에 불과하기 때문이다. 그래서 진화론적인 사상을 가진 사람들의 인간에 대한 평가는 참으로 비참하다. 예를 들면 올리버 웬델 홈즈는 "나는 개코 원숭이나 모래 한 알보다 인간을 더 중요하게 생각하는 이유를 모르겠다"라고 했다.

이것이 모두 인간이 얼마나 영광스러운 존재로 지음을 받았는지를 모르기 때문에 나온 말이다. 하나님의 형상으로서의 인간을 알 때만 인간은 진정한 자신의 가치를 발견할 수 있다.

가만히 생각해 보면 사탄이 우리 인간을 싫어하고 괴롭히는 이유도 우리가 하나님의 형상을 가지고 있다는 사실과 연관이 있다. 사탄은 하나님을 싫어하기 때문에 하나님의 모습을 닮은 인간을 괴롭히며 즐거워한다. 하나님은 이러한 사탄을 한방에 멸하고 싶지만 사탄의 영향을 받아 타락한 인간들도 다 멸망 받을까 봐 최대한 최후 심판의 시기를 늦추고 한 사람이라도 더 구원하고자 하신다.

이것을 잘 알기 때문에 사탄은 더욱 집요하게 인간을 물고 늘어진다. 이것을 나는 사탄의 인질극이라고 부르고 싶다. 우리가 보면 인질극이

벌어지면 인질범은 당장 잡아야 하지만 함께 있는 인질이 다칠까 봐 함부로 총을 쏘지 못한다. 바로 그런 식이다. 이것을 사탄은 교묘히 이용하는 것이다.

오늘날 우리 주위에 보면 하나님의 형상대로 지음을 받은 고귀하고 존귀한 인간이 사탄의 꼬임을 받아 짐승만도 못한 삶을 살아가고 있는 것을 많이 본다. 참으로 안타까운 일이 아닐 수 없다.

그러나 우리가 알아야 할 사실은 아무리 비참하게 나락에 떨어진 인간일지라도 하나님의 형상을 그 속에 지니고 있기에 하나님 보시기에는 너무나 고귀한 가치를 지닌 존재라는 사실이다. 비록 때에 절고 더러워진 동전일지라도 물건을 살 때는 깨끗한 동전과 똑같은 가치를 지니고 있는 것과 마찬가지다.

III. 죄인인 인간

신학자이자 철학자인 폴 틸리히(Paul Tillich)는 인간은 항상 세 가지 공포를 가지고 산다고 말했다. '의미 없음에 대한 공포', '죽음에 대한 공포', '죄에 대한 공포'가 그것이다.

그렇다면 하나님의 형상대로 지음 받은 고귀한 인간이 왜 이 같은 근원적인 공포를 가지고 살아가야 하는가? 그것은 바로 죄 때문이다. 인간은 에덴동산에서 하나님을 불순종하고 거역하여 하나님과의 관계가 끊어짐으로 말미암아 죄에 빠진 존재가 되고 말았다.

누구나 원죄라는 말을 들어본 적이 있을 것이다. 이 원죄는 모든 인간이 태어날 때부터 가지고 태어나는 죄성인데 이 같은 원죄는 아담과 하

와의 불순종에 그 기원이 있다. 성경 창세기에 나타나는 선악과 사건이
그것이다.

> "여호와 하나님이 그 사람에게 명하여 이르시되 동산 각종 나무의 열매는 네
> 가 임의로 먹되 선악을 알게 하는 나무의 열매는 먹지 말라 네가 먹는 날에는
> 반드시 죽으리라 하시니라"(창세기 2:16-17).

인간은 하나님께서 금지한 선악과를 따먹음으로 말미암아 모두 원
죄를 가지고 태어나게 되었다. 어떤 사람도 이 원죄에서 자유로운 사람
은 없다. 우리가 알고 있는 살인, 강도, 간음 등의 모든 죄는 사실상 모
두 원죄라는 뿌리에서 나온 열매다. 그러므로 우리가 겪고 있는 모든 인
간의 불행과 고통은 모두 이 원죄에서 시작되었다. 결국 유한한 인간이
무한하신 하나님으로부터 떨어져 나온 뒤 인간의 모든 고통과 어려움이
시작된 것이다.

어떤 사람은 과일 하나 따먹은 것 가지고 하나님이 너무 하시는 것 아
닌가 하고 생각할 수도 있겠지만 아담과 하와가 선악과를 따먹은 행동
은 단순히 과일 하나 먹은 것으로 그치는 것이 아니다. 그들은 사탄의
꼬임에 빠져 하나님을 거역하고 하나님으로부터 떠나고자 한 것이다.
이것은 하나님께 대한 심각한 반역이다. 그래서 누군가는 죄에 대한 정
의를 다음과 같이 했다.

> "죄라는 것은 하나님에 대한 인간의 독립선언이다."

선악과를 먹기 전까지 아담과 하와의 삶의 중심은 하나님이었다. 하
나님의 피조물로서 그 같은 자세는 당연한 것이다. 그러나 그들은 선악

과를 따먹음으로 이제 그들이 자기 삶의 주인이 되고자 한 것이다. 하나님이 그들 인생의 주인이 되어야 하는데 이제 자기들이 자기 인생의 주인이 되고자 한 것이다.

물론 사람들 가운데는 자신이 특별한 죄를 짓지도 않았는데 조상의 죄로 인하여 나면서부터 죄인 취급을 받는 것에 대하여 불만을 품는 사람도 있을 것이다. 그러나 그것이 바로 대표성의 원리다. 하나님께서 인류의 대표로 세우신 아담이 선악과를 따먹고 죄를 범함으로 말미암아 아담의 후손인 모든 사람이 죄인으로 태어나게 된 것이다.

이것을 좀 더 잘 이해하기 위하여 다음과 같은 경우를 생각해 보자. 독사가 새끼를 낳으면 새끼 독사는 태어나자마자 독사 새끼라고 불리게 된다. 새끼 독사의 입장에서는 한 번도 남을 깨문 적이 없는 데 독사라고 불리니 억울하다고 이야기할 수도 있다. 그러나 분명한 사실은 그 독사의 이빨을 조사해 보면 독이 들어 있다는 사실이다. 본인이 원하든 원하지 않던 그 독사 새끼는 날 때부터 독사로 태어났기 때문이다. 이같이 우리 인간도 날 때부터 죄짓는 것이 자연스러운 죄인으로 태어났다. 그래서 누가 시키지 않아도 자연스럽게 죄를 짓게 되는 것이다.

그러므로 우리가 인정하든 인정하지 않든 우리 인간은 모두 하나님 앞에서 심각한 죄인이다. 물론 상대적으로 다른 사람하고 비교할 때 자신이 좀 더 고상하고 깨끗하게 느껴질지도 모른다. 그러나 하나님의 불꽃 같은 눈앞에서는 우리는 모두 죄인인 것이다. 하나님은 인간의 죄를 평가하실 때 상대 평가가 아닌 절대 평가로 평가하시기 때문이다.

우리는 모두 죄인으로 태어나서 죄짓는 것이 그렇게 자연스럽고 어색하지 않은 것이다. 죄가 본성 속에 깊이 박혀 있기 때문이다. 그래서 성경의 가르침은 성선설과 성악설 중 철저히 성악설을 지지한다. 바로 인간의 원죄 때문이다. 다윗이 자신이 죄인임을 깨닫고 한 다음과 같은 말을 보라.

"내가 죄악 중에서 출생하였음이여 어머니가 죄 중에서 나를 잉태하였나이다"(시편 51:5).

성경의 원죄의 가르침은 성악설과 너무나 유사하다. 그러나 여기서 한 가지 유의해야 할 사실이 있다. 그것은 성경의 원죄 사상과 순자의 성악설과는 근본적으로 다른 점이 있다는 것이다.

성악설은 인간이 악하게 태어나도 교육의 힘으로 선하게 될 수 있다고 이야기하지만 성경은 인간은 철저한 죄인이며, 타고난 원죄의 영향으로 인하여 계속적으로 죄를 짓게 되므로 아무리 노력해도 하나님 앞에서 의롭다고 할 사람은 아무도 없다고 이야기한다. 다음의 말씀이 의미하는 바가 바로 그런 것이다.

"모든 사람이 죄를 범하였으매 하나님의 영광에 이르지 못하더니"(로마서 3:23).

그런데 사람들은 이 사실을 여간해서는 받아들이려고 하지 않는다. 자신이 죄인인 것을 인정하기 싫어하는 것이 인간의 본성이기 때문이다.

알 카포네(Al Capone)는 과거 시카고를 중심으로 마피아를 움직인 미국의 유명한 갱단 두목으로 영화 '대부'의 주인공으로도 잘 알려진 자다. 그는 금주법이 발효되면서 도박, 매춘, 밀주 암시장 등을 운영하여

막대한 부를 쌓았다. 특별히 그는 경쟁자들을 잔혹하게 살해하는 것으로 이름이 높았으며 체포되기 전까지 300여 명에 대한 살해 혐의를 받았다고 한다. 그런데도 그는 나중에 체포되어 형을 선고받았을 때 "나는 일생 동안 사회를 위하고 남들을 위해 봉사하며 살았다. 그런데 그 대가가 싸늘한 세상의 비난과 범죄자라는 낙인뿐이라니…"라고 말했다. 사람이 자신이 죄인이라는 사실을 인정하기가 이렇게 어려운 것이다. 그래서 파스칼은 다음과 같이 정곡을 찌르는 말을 했다.

"이 세상에는 오직 두 종류의 사람들만이 있다. 자신들이 죄인이라는 것을 아는 의인들과, 자신들이 의인이라고 생각하는 죄인들이다."

우리가 죄인이라는 것을 인정하는 것이 왜 그렇게 중요하냐 하면 죄를 인식하는 데서부터 구원이 시작되기 때문이다.

IV. 죄와 인간의 운명

오늘날 현대인들은 죄를 가볍게 생각하는 경향이 있는데 죄라는 것이 그렇게 간단한 문제가 아니다. 죄는 마치 몸속에 들어와 서서히 퍼져 나가면서 사람을 죽이는 암과 같다. 오늘날 세상에 이토록 많은 고통과 괴로움이 있는 이유가 바로 죄 때문이다. 이 세상에 죄가 들어옴으로 말미암아 하나님이 아름답게 창조한 지구 전체가 신음하게 되었다. 찰스 콜슨은 죄의 심각성에 대하여 다음과 같이 이야기한다.

"죄는 규칙을 어기는 것보다 훨씬 더한 것이다. 하나님은 복잡하면서도 서로 긴밀하게 관련된 우주를 창조하셨는데, 각 부분은 다른 부분들에 의존하고 있고, 모든 것이 질서 있고 조화로운 법칙의 지배를 받는다. 죄는 그 질서와 조화의 모든 부분에 영향을 준다. 뒤틀리게 하고 부러뜨리고 왜곡시키고 부패시킨다."[49]

성경은 우리 인간은 모두 죄인이라고 선언하며 또한 누구나 예외 없이 죄로 인하여 다음과 같은 운명을 맞이하게 되었다고 선언한다.

1. 죄의 결과로 모든 인간에게는 죽음이 오게 되었다.

하나님께서는 죄를 지으면 반드시 죽을 것이라고 말씀하셨다(창 2:17). 그래서 인간은 죄의 결과로 그 누구도 죽음을 피해갈 수 없게 되었다. 잘난 사람, 못난 사람, 유명한 사람 모두 예외가 없다. 누군가가 이야기했듯이 체스 게임이 끝나면 졸이나 차나 왕이나 퀸이나 다 같은 상자로 되돌아가는 것이다.

"죄의 삯은 사망이요"(로마서 6:23).

인생이라는 것이 죽음을 생각하면 참 허무하다. 젊음이 영원히 계속되지 못하고 인생의 날들이 빨리 지나간다는 것이 참으로 허무한 것이다. 그래서 우리가 기억해야 할 사실은 우리 인간은 아무리 잘났다고 하더라도 결국 화병에 꽂혀 있는 꽃이나 마찬가지라는 것이다.

화병에 꽂힌 꽃이 살아 있는 꽃인가 죽은 꽃인가? 잎사귀의 푸르름이나 꽃의 향기로 봐서는 분명히 살아 있는 꽃이다. 그러나 조금만 더 생각해 보면 화병에 꽂힌 꽃은 살아 있는 것 같으나 실상은 죽은 꽃이다. 왜냐하면, 지금은 그 꽃이 싱싱하게 보일지라도 뿌리가 없기 때문에 조금만 시간이 지나면 말라 죽어 버리기 때문이다.

하나님을 떠난 인간의 모습이 이와 같다. 비록 그가 아무리 화려하고 멋있게 보여도 사실은 하나님 보시기에는 죽은 모습이다. 꽃에서 향기가 나고 잎이 푸르면 그 꽃이 살아 있는 것처럼 느껴지듯 우리도 사람을 보고 착각할 수 있다. 그의 미모나 젊음을 보고 그가 죽음의 한계를 가진 인간인 것을 잠시 망각할 때가 있다. 그러나 우리가 알아야 할 사실은 하나님 앞에서 우리 인간은 모두 죽은 존재라는 것이다. 그래서 성경은 우리 인간에 대하여 이야기할 때 언제나 죽었다고 표현한다. 그저 60년, 70년 생명이 연장되어 있을 뿐이지 하나님 보시기에는 우리 인간은 모두 사형선고를 받은 시한부 인생인 것이다.

2. 죽음 이후에는 심판이 있다.

인간이 죄를 지어 하나님과 멀어짐으로 말미암아 죽음이 찾아왔을 뿐만 아니라 죽음 이후에는 심판을 받게 된다. 많은 사람이 그저 사람은 한번 죽으면 그것으로 끝이 난다고 생각하는데 성경은 그렇게 이야기하지 않는다. 죽음 이후에는 하나님의 엄중한 심판이 있다고 이야기한다. 다음 말씀을 보라.

"한번 죽는 것은 사람에게 정해진 것이요 그 후에는 심판이 있으리니"(히브리서 9:27).

우리가 살펴보면 인간 세상에서도 죄를 지은 자에 대한 심판이 분명히 있는데 우주를 다스리는 공의로운 하나님이 죄를 지은 인간을 심판하지 않는다면 하나님의 공의가 오히려 문제가 될 것이다. 사람들은 하나님의 심판이 당장 눈앞에 나타나지 않으니까 하나님이 없는 것으로 생각하고 자기 마음대로 행동한다. 그러나 성경은 하나님의 마지막 심판이 분명히 있을 것임을 엄중하게 이야기한다. 심지어는 예수님은 이런 말씀도 하셨다.

"내가 너희에게 이르노니 사람이 무슨 무익한 말을 하든지 심판 날에 이에 대하여 심문을 받으리니"(마태복음 12:36).

우리가 무심코 던진 말 한마디까지도 하나님 앞에서 낱낱이 심판을 받는다고 이야기하신다. 그러므로 이것을 기억하고 사는 사람이 지혜로운 사람이다.

3. 심판의 결과는 영원한 사망인 지옥이다.

심판을 받고 난 후 인간에게는 영원한 사망인 지옥의 형벌이 주어진다. 이 세상에도 죄를 지은 인간을 격리하여 가두는 감옥이 있듯이, 죽음 이후에도 죄인들을 가두어 두는 영원한 감옥인 지옥이 분명히 존재한다. 많은 사람이 지옥의 존재를 믿지 않으려고 하지만 지옥이 존재한다는 사실을 부인한다고 해서 지옥 자체가 없어지는 것은 아니다. 성경은 불과 유황으로 타는 지옥이 있다고 분명히 이야기한다.

"그러나 두려워하는 자들과 믿지 아니하는 자들과 흉악한 자들과 살인자들과 음행하는 자들과 점술가들과 우상 숭배자들과 거짓말하는 모든 자들은 불과 유황으로 타는 못에 던져지리니 이것이 둘째 사망이라"(요한계시록 21:8).

우리가 잘 아는 조각품 중에 '로댕의 생각하는 사람'이라는 작품이 있다. 이 작품은 사실 로댕이 '지옥의 문'이라고 하는 자신의 위대한 걸작품 가장 윗부분에 얹어 놓기 위해 만들어 낸 습작품이다. 그래서 이 작

품은 지옥문 앞에서 골똘히 생각하는 사람을 묘사한 작품이다. 그러나 우리가 분명히 알아야 할 사실은 지옥문 앞에서 생각하면 이미 때가 늦는다는 사실이다. 죽기 전에 인간은 자신의 운명에 대하여 생각하고 자신을 구원할 수 있는 길을 찾아야 한다.

V. 인간은 스스로를 구원할 수 있는가?

그렇다면 이제 여기서 우리가 생각해 봐야 할 것은 인간은 스스로를 구원할 수 있는가 하는 것이다. 인간은 이 같은 멸망의 운명을 감수하기를 원하지 않기 때문에 자신의 불완전한 노력으로 구원을 추구한다. 그러나 이것은 마치 도달 불가능한 다리를 놓으려고 하는 것과 같다. 왜냐하면 거룩하신 하나님과 죄악된 인간 사이의 간격이 너무나 크기에 그 어떤 인간의 노력으로도 하나님께 나아갈 수 없기 때문이다. 여기에 인간의 문제가 있다.

특별히 사람들은 율법과 계명을 지키고 도덕적으로 깨끗하게 살면 구원을 얻을 수 있을 것이라고 착각하는 경우가 많다. 그러나 우리가 알아야 할 사실은 그런 것으로는 구원을 얻을 수 없다는 사실이다. 왜냐하면 인간은 근본적으로 죄인이기 때문에 하나님 앞에서 완전하게 계명을 지킬 수 있는 사람이 아무도 없기 때문이다.

인간이 구원받기 위하여 추구하는 모든 노력이나 종교 행위는 인간의 죄성에서 출발한 것이기에 하나님의 완전성의 기준에 미치지 못한다. 그러므로 인간은 스스로의 노력으로는 구원을 받을 수 없고 하나님의 도움을 받아야만 한다.

VI. 착하게 사는 것만으로 안 되는 이유

성경은 우리가 죄인이라는 사실을 분명히 이야기하지만 사람들은 자신이 죄인이라는 사실을 인정하기를 싫어한다. 왜냐하면 그들은 죄를 상대적인 관점으로 생각하기 때문이다. 보통 죄인이라는 이야기를 하면 일반 사람들은 자신을 교도소에 있는 흉악범과 비교한다. 그리고 자신은 그들에 비하면 착하게 살았고 다른 사람들을 괴롭히지도 않았으니 죄인이 아니라고 생각한다.

그러나 성경이 우리가 죄인이라고 이야기할 때는 상대적인 관점이 아니고 절대적인 관점에서 이야기하는 것이다. 다른 말로 하면 성경이 우리를 죄인이라고 선언할 때는 내가 다른 누구보다 죄가 많다는 것이 아니고 완전하고 거룩하신 하나님의 관점에서 볼 때 우리는 모두 죄인이라는 것이다.

오늘날 사람들은 자신이 어느 정도 착하게 살면 천국에 갈 수 있을 것이라고 착각하며 살아가고 있다. 그런데 문제는 과연 어느 정도 선해야 천국에 갈 수 있느냐는 것이다. 가장 악한 것을 0점이라고 하고, 가장 선한 것을 100점이라고 했을 때 과연 하나님께서 우리에게 몇 점을 요구하면 천국에 들어갈 수 있을 것 같은가? 60점이면 되겠는가? 아니면 50점이면 되겠는가? 그 정도라면 한번 해볼 수 있을 것 같은가? 그런데 문제는 하나님께서는 100점을 요구하신다는 것이다.

"그러므로 하늘에 계신 너희 아버지의 온전하심과 같이 너희도 온전하라"(마태복음 5:48).

그렇다면 여기에서 자신 있게 나는 100점짜리 수준의 거룩을 지니고 있다고 이야기할 수 있는 사람이 있겠는가? 아마 단 한 사람도 없을 것이다. 그래서 성경은 다음과 같이 선언한다.

"모든 사람이 죄를 범하였으매 하나님의 영광에 이르지 못하더니"(로마서 3:23).

여기에 인간의 현실과 한계가 있다. 인간은 근본적으로 죄인으로 태어났다. 죄를 지어서 죄인이 되는 것이 아니라 죄인이기 때문에 죄를 좋아하고 자연스럽게 죄를 짓게 되어 있는 것이다. 이것은 마치 사과나무에 사과가 열리는 것이 사과나무가 사과를 만들기 위해서 특별한 노력을 했기 때문이 아니라 사과나무이기에 그냥 자연스럽게 사과가 열리는 것과 똑같은 이치다.

그래서 인간은 자신이 스스로의 선한 행위로 구원에 이를 수 없다는 사실을 분명히 깨닫는 것이 대단히 중요하다. 이것을 확실히 깨닫는 사람은 자신의 노력으로 천국에 가는 것이 불가능하다는 것을 알기 때문에 하나님의 도우심을 간절히 바라게 되는 것이다.

이 같은 자세를 가지게 되는 사람은 구원받을 준비가 된 사람이다. 그러나 여전히 자신이 의인이라고 생각하고 자기의 힘으로 구원을 이루고자 하는 사람은 점점 더 구원에서 멀어지게 된다. 왜냐하면 그들은 절대로 불가능한 일을 이루고자 시도하는 것이기 때문이다.

인간이 스스로의 노력으로 구원을 얻고자 하는 것은 마치 한국에서 미국까지 태평양을 헤엄쳐서 건너가려고 시도하는 것과 같다. 우리가 헤엄치려고 하는 거리가 한강 정도라면 어느 정도 승산이 있다. 대부분은 한강 물에 뛰어들면 익사하고 말겠지만 그래도 그중에는 탁월한 수영 솜씨로 한강을 거뜬하게 건너는 사람도 나오기 마련이다.

그러나 수영을 해야 하는 거리가 한강이 아니라 태평양이라면 이야기는 완전히 달라진다. 어떤 인간도 태평양을 자력으로 헤엄쳐서 건널 수 있는 사람은 없다. 만약 끝까지 자신의 힘으로 헤엄쳐 건너가고자 고집하는 사람이 있다면 그 사람은 분명히 바닷물 한가운데서 익사하여 죽고 말 것이다.

그렇다면 인간이 태평양을 건너는 것은 불가능한 것인가? 아니다. 방법이 있다. 배를 타고 건너면 된다. 자신이 스스로의 힘으로 건너가려는 고집을 완전히 버리고 태평양을 건너가는 여객선에 몸을 실으면 된다. 그러면 그는 바닷물을 헤쳐 나가는 고통을 경험하지 않아도 되며 상어의 공포로부터, 또 추위와 배고픔의 두려움으로부터 완전히 해방을 받을 수 있다. 그는 그저 여객선에 모든 것을 맡기고 편안히 몸을 싣고 목적지까지 무사히 도착하기만 하면 된다.

하나님께서 베푸시는 구원의 방법이 바로 이와 같은 것이다. 하나님을 떠난 인간은 자신의 노력으로 하나님께 도달해 보고자 많은 노력을 한다. 인간들이 추구하는 철학이나 종교, 고행이나 선행 등과 같은 것이 모두 인간이 하나님께 도달하고자 노력하는 모습이다. 그런데 문제는 인간과 하나님 사이의 거리가 너무 멀다는 데 있다. 인간은 너무 추악한 죄인이고 하나님은 너무 거룩한 분이시라는 데 문제가 있다.

그래서 하나님께서는 전혀 다른 차원의 구원의 길을 준비해 놓으셨는데 그것이 바로 당신의 독생자 예수 그리스도를 이 땅에 보내시는 방법이다. 그분은 인간의 몸을 입은 하나님으로서 인류 역사상 유일하게 죄가 없고 하나님의 완전하신 거룩의 기준에 도달한 분이시다.

그러므로 예수님께서 우리 죄를 지시고 십자가에서 죽으셨다는 사실을 믿고 마음에 예수님을 받아들이기만 하면 우리는 죄 용서함을 받고 천국을 소유할 수 있다. 그래서 구원은 거저 받는 것이다. 왜냐하면 이미 누군가가 그 값을 지불하였기 때문이다. 여기서 그 누군가란 바로 '예수 그리스도'를 의미한다. 예수님이 우리의 죗값으로 이미 자신을 내어 주셨다.

우리가 분명히 알아야 할 사실이 있다. 그것은 천국에 가는 사람들은 천국에 갈 수 있을만큼 선하여서 가는 것이 결코 아니라는 사실이다. 천국은 죄를 용서받은 사람들이 가는 곳이다.

그래서 우리가 알아야 할 사실은 천국에 가는 사람이나 지옥에 가는 사람 모두 죄인이라는 사실이다. 다만 지옥에 가는 사람들은 죄를 가지고 그대로 죽었기 때문에 지옥에 가는 것이고 천국에 가는 사람들은 예수 그리스도를 통하여 죄를 용서 받았기에 천국에 가는 것이다.

그래서 기독교는 '은혜의 종교'인 것이다. 이 은혜라는 개념은 기독교를 제외하고는 이 세상에 있는 그 어떤 종교에서도 찾아볼 수가 없다. 이 세상의 다른 모든 종교는 나름대로 해석한 정의와 공정성을 바탕으로 움직인다. 즉 우리가 이 땅에서 행한 선한 일들에 근거하여 천국에 갈 수 있다고 본다.

그러나 기독교는 다른 모든 정의 지향적인 종교와는 극명한 대조를 이룬다. 기독교는 모든 사람이 죄인이고 선을 행하는 사람이 전혀 없다고 선포한다. 고로 선한 행위로 천국 갈 수 있는 사람은 아무도 없기 때문에 하나님께서는 죄 용서를 통하여 천국을 선물로 주신다는 것이 기독교의 핵심 메시지다.[50]

이를 위해서는 우리는 자신이 죄인임을 인정하고 오직 예수 그리스도를 통한 구원의 길을 믿음으로 받아들여야 한다. 그것이 인간에게 주어진 유일한 구원의 방법이다.

"인간은 여전히 구세주가 필요하다. 왜냐하면 우리가 비록 아무리 여러 가지 새로운 심리학적인 이름으로 그것을 지칭하더라도 죄는 여전히 죄이기 때문이다." – F. M. 스와필드

이 사람은 누구인가?

사람은 선하게 보이는 사람이나 악하게 보이는 사람이나 누구든지 그 속에 심각한 죄성을 지니고 있다. 여러분은 이 사람을 누구라고 생각하는가? 그는 개인적으로 술도 마시지 않았고 담배도 피우지 않았다. 그는 그림 그리기를 좋아하여 화가가 되고 싶어 했으며 여자와 아이들과 함께 있는 것을 즐기는 문화인이었다.[51]

그는 역사, 철학, 예술 등 각 방면의 책을 즐겨 읽었으며 음악적 재능 또한 대단했다. 특별히 그는 오페라를 무척 좋아하여 바그너의 작품인 '트리스탄과 이졸데'를 마흔 번이나 보기도 했다.[52]

그가 군대에 있었을 때 길 잃은 강아지를 붙잡아 '푸크슬'이라는 이름을 지어 주었으며 그 강아지를 지극 정성으로 돌보아 주었다. 그런데 어느 날 누군가가 그의 강아지를 훔쳐 가 버리자, 그는 슬픔에 잠겨 며칠 동안 제정신이 아닐 정도로 정이 깊은 사람이었다.

그는 특별히 어머니를 사랑하여 서른네 살 때 자기 어머니에 대해 훌륭하고 아름다운 시를 써서 사람들에게 보여주었으며 그의 어머니가 유방암에 걸려 병상에 누웠을 때도 두 달 동안 병상을 지키며 어머니를 극진히 간호했다. 그 후 어머니가 돌아가시고 난 뒤에도 그는 자신이 직접 그린 어머니의 초상화를 죽을 때까지 간직했다고 한다.[53]

여러분은 이 사람이 누구라고 생각하는가? 여러분은 그의 이름을 들으면 아마 크게 놀랄 것이다. 그의 이름은 바로 역사 속에 가장 악한 사람으로 기록되어 있는 아돌프 히틀러다. 이것은 무엇을 말해주는가? 인간은 아무리 선하게 행동하더라도 그 속에 너무나 무서운 악의 요소가 존재해 있다는 사실이다.

이와 비슷한 이야기가 또 하나 있다. 예힐 디누어라는 사람의 이야기다. 그는 아우슈비츠 강제 수용소의 생존자였는데 유대인 대학살을 주동한 최악의 전범자 중 한 명인 아이히만의 만행을 증언하기 위하여 1960년 전범 재판정에 서게 되었다. 그런데 재판정에 들어선 그는 아이히만을 한참 쳐다보더니 갑자기 외마디 비명을 지르며 마루에 쓰러진 채 흐느껴 울었다. 그가 울게 된 이유는 무엇인가?

디누어는 수용소에서 아이히만의 잔혹성에 몸서리치면서 그가 악마와 같이 끔찍한 사람일 것으로 예상했다. 그러나 자신의 예상과는 달리 아이히만이 악의 화신이 아니라 이웃집 아저씨 같이 흔히 볼 수 있는 평범한 인간임을 깨달았을 때 큰 충격을 받게 된 것이다. 그는 나중에 CBS의 '60분'(60 Minutes)이라는 TV 프로에 출연해서 그가 느낀 감정을 다음과 같이 말했다.

"그 순간 나는 내 자신이 두려워지기 시작했습니다. 나도 그와 똑같이 그런 잔인한 짓을 충분히 저지를 수 있는 존재라는 사실을 깨달았기 때문입니다."[54] 그렇다. 우리는 모두 히틀러나 아이히만이 될 수 있는 죄성이 늘 잠재해 있는 것이다.

"내 기억은 거의 사라졌지만 두 가지만은 아직 분명하다.
나는 악랄한 죄인이며 그리스도는 위대한 구세주이시다!"
- 존 뉴턴

지옥은 | 정말 있는가?

지옥은 정말 있는가?

I. 지옥은 정말 있는가?

성경이 거듭 이야기하고 있는 바는 우리 인간은 죄로 인하여 죽을 수밖에 없는 존재이고 죽음 다음에는 심판이 있고 그 다음에는 영원한 멸망인 지옥이 있다는 것이다. 그렇다면 이 지옥의 존재는 정말 사실인가? 정말 우리는 지옥이 있다고 믿어야 하는가? 사람들은 종종 이런 질문을 할 때가 있다.

"사랑이 많으신 하나님이 지옥을 만드실 수가 있는가?"

그러나 그것은 하나님에 대하여 제대로 알지 못하기 때문에 하는 말이다. 하나님의 속성 중에는 '사랑'이 있지만 동시에 '공의'가 있다. 사랑이 많으신 하나님께서는 동시에 우주를 공의롭게 다스리는 재판관이

시다. 만약에 하나님의 속성 중에 사랑이라는 속성만 있고 공의라는 속성이 없다면 하나님은 이웃집의 마음씨 좋은 복덕방 할아버지는 될 수 있을지언정 우주를 다스리는 통치자는 될 수 없을 것이다.

그러므로 하나님은 죄지은 자를 반드시 심판하고 벌을 주셔야만 한다. 그래서 조쉬 맥도웰(Josh McDowell) 같은 분은 "사랑의 하나님이 어떻게 사람이 죄를 지었다고 그들을 지옥으로 보낼 수 있는가?"라는 질문에 "거룩하시고 공의로운 하나님께서 어떻게 죄를 지은 사람들을 그분 앞에 그대로 두시겠는가?"[55]라고 반문한다.

사실 지옥은 그다지 유쾌한 주제가 아니다. 그러나 우리는 반드시 지옥에 대하여 생각해 보아야 한다. 왜냐하면 우리가 부인하든 부인하지 않든, 지옥 그 자체는 분명히 존재하기 때문에 우리는 어떠한 방법을 동원해서라도 지옥에 가는 것을 피해야 하기 때문이다.

우리가 알아야 할 사실은 처음에 하나님께서 지옥을 만드실 때는 인간을 그곳에 집어넣기 위하여 만드신 것은 아니었다는 사실이다. 원래 하나님께서는 자신을 반역한 사탄과 그의 졸개들을 집어넣기 위하여 지옥을 만드셨는데 인간이 마귀의 꼬임에 빠져 죄를 짓게 되어 마귀들이 들어가는 지옥 불에 같이 들어갈 운명이 되어 버린 것이다. 마태복음 25장 41절의 말씀이 바로 그것이다.

"또 왼편에 있는 자들에게 이르시되 저주를 받은 자들아 나를 떠나 마귀와 그 사자들을 위하여 예비된 영원한 불에 들어가라"(마태복음 25:41).

영원히 불타는 지옥은 원래 마귀와 그 졸개들을 위하여 예비된 곳이다. 그러나 우리 인간이 창조주 하나님을 거역하고 마귀를 따라 죄의 길에 들어섬으로 말미암아 마귀의 길을 따라가는 사람은 모두 지옥의 형벌을 피할 수 없게 된 것이다.

II. 지옥을 믿을 수밖에 없는 이유

오늘날 많은 사람이 지옥의 존재를 믿지 않는다. 그렇지만 우리가 지옥이 분명히 존재한다고 믿을 수밖에 없는 것은 다음과 같은 세 가지 이유 때문이다. 다음의 내용은 지옥의 존재를 믿을 수밖에 없게 만드는 증언들이다.

1. 성경과 예수님의 증언

첫째는 성경의 증언이다. 성경에는 지옥이라는 단어가 50번 이상 나온다. 그리고 죽음 이후의 형벌 장소를 언급하는 구절들은 그보다 두 배나 더 많다. 성경에는 신·구약을 통틀어 여러 곳에서 지옥에 대한 경고가 나오는데 그중에 대표적인 것이 예수님의 말씀이다. 예수님은 지옥에 대하여 그 누구보다도 많이 언급하셨다. 심지어는 천국보다 지옥에 대하여 더 많이 이야기하셨다.

예수님은 지옥에 대하여 말씀하시면서 손이나 발이나 눈이 범죄하게 하거든 그것을 찍어버리거나 눈을 뽑아 버리더라도 지옥에 가지 않는 것이 훨씬 낫다고 이야기하실 정도로 지옥을 절대로 피해야 할 장소로 이야기하셨다.

"만일 네 손이 너를 범죄하게 하거든 찍어버리라 장애인으로 영생에 들어가는 것이 두 손을 가지고 지옥 곧 꺼지지 않는 불에 들어가는 것보다 나으니라

만일 네 발이 너를 범죄하게 하거든 찍어버리라 다리 저는 자로 영생에 들어
가는 것이 두 발을 가지고 지옥에 던져지는 것보다 나으니라 만일 네 눈이 너
를 범죄하게 하거든 빼버리라 한 눈으로 하나님의 나라에 들어가는 것이 두
눈을 가지고 지옥에 던져지는 것보다 나으니라 거기에서는 구더기도 죽지 않
고 불도 꺼지지 아니하느니라 사람마다 불로써 소금 치듯 함을 받으리라"(마
가복음 9:43-49).

지옥에는 구더기도 죽지 않고 불도 꺼지지 않는다고 이야기하신다.
그리고 그 고통이 얼마나 심한지 사람마다 불로 소금 치듯 함을 받는다
고 이야기하신다. 상상만 해도 끔찍한 모습이다. 우리는 성경에 나오는
예수님의 경고를 보더라도 지옥이 얼마나 두렵고 고통스러운 곳인지 생
생히 알 수 있다.

우리가 잘 알듯이 예수님은 이 세상 그 누구보다도 사랑이 많고 온유하신 분이시다. 그런데 그런 분이 존재하지도 않는 지옥에 관하여 이야기함으로 사람들을 공포에 질리게 만드셨을 리가 없다. 예수님은 지옥이 실제로 존재하니까 지옥에 오지 못하도록 그렇게 강력하게 경고를 하신 것이다.

2. 죽었다가 살아난 자들의 증언

지옥의 존재는 죽었다가 살아난 자들의 증언을 토대로 한 의사들의 임상적인 경험을 통하여서도 증명이 된다. 의사들 가운데는 죽음 이후에 깨어났다가 지옥에 다녀온 것을 증언하는 환자들의 이야기를 듣고 지옥의 존재를 믿게 된 사람들이 여러 명 있다.

그런 분 가운데 모리스 롤링스라는 분이 있다. 이분은 심장 혈관 질환의 전문의이자 응급 소생술의 국제적인 권위자인데 이분이 환자들의 경험을 통해 지옥의 존재를 확신하고 쓴 『죽음을 준비하는 그리스도인』이라는 책이 있다. 이 책에 나오는 내용을 소개하면 다음과 같다.

모리스 롤링스는 처음부터 신앙이 독실한 기독교인은 아니었다. 그러던 그가 신앙에 관심을 가지게 된 계기가 있었다. 그가 임상적으로 죽음을 맞이한 48세의 우체부 찰리 맥케익에게 소생법을 실시했을 때였다. 그 환자는 "나는 지옥 속에 있어! 제발 나를 꺼내 줘!"라고 소리치기 시작했다. 그는 죽었다가 깨어나기를 반복할 때마다 극심한 공포에 사로잡혀 자신을 지옥에서 꺼내 달라고 소리쳤다.

롤링스 의사는 지금까지 죽음에 이르게 된 수많은 환자를 경험했다. 그러나 이번 경우는 보통 때와는 너무나 달랐다. 그의 얼굴에는 무엇이라고 설명할 수 없는 극심한 공포가 있었다.

마침내 그 환자는 신음하면서 어떻게 하면 지옥에서 빠져나올 수 있는가를 물었다. 롤링스는 무엇이라고 대답해야 할지 몰라 당황하다가 기도를 해보는 것이 어떻겠느냐고 이야기했다. 그러자 그 환자는 의사에게 자신을 위해서 기도해 달라고 요청했다.

그는 당황해서 "나는 의사이지 목사가 아닙니다"라고 했으나 그가 그것을 너무나 간절히 원했고 함께 일하는 간호사들의 눈길도 그를 도와주기를 원하는 눈빛이었기에 결국 모리스 롤링스는 자신의 환자에게 다음과 같은 형식적인 기도문을 따라 하게 했다.

"하나님의 아들 예수여, 저를 지옥에서 구해 주십시오. 그래서 제가 만약 산다면 이제부터 당신의 것이 되겠습니다."

그가 그 기도를 따라 한 다음에 나타난 일은 충격적인 것이었다. 그때까지 미친 사람처럼 몸부림치며 살려달라고 소리치던 찰리가 갑자기 진정된 것이었다. 그 기도가 찰리의 영혼에 있던 모든 공포와 고통을 일거에 바람 빠지듯 새어나가게 만든 것 같아 보였다. 그날 이후 찰리는 완전히 회복되었다. 그리고 이 경험은 모리스 롤링스 의사도 변화시켰다.[56]

비록 그가 형식적으로 한 기도였지만 그 기도가 가져온 놀라운 결과를 목격한 모리스 롤링스는 이 체험을 통하여 죽음 이후의 삶에 대하여 세계의 모든 종교가 무엇이라고 이야기하는지 연구하기 시작했다. 그는 유대의 율법과 탈무드, 회교의 코란, 인도의 성전 베다, 힌두교의 브라만, 공자의 어록, 불교의 경전, 일본의 신도, 노자가 제창한 도교를 포함한 모든 종교 서적을 열심히 비교해 보았다.

그 결과 그는 자신의 환자들의 죽음 이후의 경험을 가장 잘 묘사하고 있는 책을 한 권 발견하였는데 그것은 다름 아닌 기독교의 성경이었다.

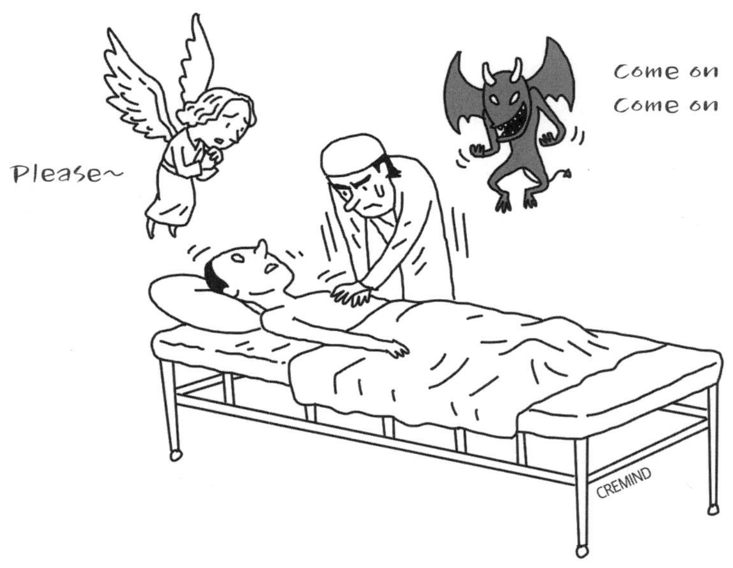

　그가 죽음에서 돌아온 환자들을 살펴보니까 그들의 경험의 특징은 환생론자나 윤회론자들이 주장하는 것처럼 죽고 난 후 타인의 몸에 다시 들어가는 것이 아니고 현재 우리가 사는 세계와는 완전히 구별되는 다른 세계로 가게 되더라는 것이다.

　그리고 그 세계는 어떤 중간적인 상태가 없으며 아주 좋거나 아니면 아주 나쁘다는 것을 알게 되었다. 이것은 죽음 이후에 천국이 있거나 지옥이 있다는 것을 의미한다고 그는 결론을 내렸다. 그러면서 모리스 롤링스는 다음과 같은 경고를 우리에게 준다.

　“사후 세계의 존재 확률은 50 대 50이기 때문에 우리는 죽음 이후의 문제를 아무렇게나 생각해서는 안 된다.”[57]

3. 죽어 가는 자들의 증언

　지옥의 실재를 보여주는 세 번째 증언은 죽어 가는 자들의 증언이다.

사람은 죽는 순간에 가장 정직해진다고 이야기한다. 그러므로 사람이 죽을 때 남기는 마지막 말을 살펴보면 천국과 지옥이 분명히 존재한다는 것을 알 수 있다.

유명한 회의론자인 에드워드 기본(Edward Gibbon)은 죽을 때 "모든 것이 캄캄하다"라는 말을 남기고 죽었다. 그러나 그것과는 대조적으로 '만세 반석'이라고 하는 찬송을 지은 어거스터스 톱레이디(Augustus Toplady)의 마지막 말은 "모든 게 빛이다, 빛, 빛!"이었다.[58]

18세기의 유명한 계몽주의 철학자 볼테르(Voltaire)는 기독교를 말살시키는 것을 삶의 목표로 삼고 많은 무신론 책자와 하나님을 반박하는 글을 썼다. 그러나 그는 죽기 직전에 "나는 차라리 나지 아니하였더라면 좋았을걸"하고 후회했으며 천국도 지옥도 없다던 그가 "나는 지옥에 간다"라고 하면서 비참한 모습으로 죽었다. 그의 죽음이 어찌나 비참했던지 그를 간호한 간호사는 유럽의 모든 재산을 다 준다고 해도 다시는 불신자가 죽는 모습을 보고 싶지 않다고 했을 정도이다.[59]

윌리엄 포우프는 종교적인 것은 무엇이든지 비웃던 무신론 단체의 지도자였다. 그는 성경을 마루에 던지고 찢어버리기도 하였다. 그의 임종에 참여했던 친구들은 그가 무섭게 소리지르는 광경을 보았다. 그는 이렇게 소리쳤다.

"나에겐 구원이 없다. 나는 회개할 수가 없다. 하나님이 나를 저주하실 것이다. 나는 은혜의 날이 지나가 버린 것을 안다. 영원히 저주받은 자를 보라. 오 영원히! 영원히! 나에겐 오직 지옥이 있을 뿐이다. 영원한 고통이 다가온다."[60]

토마스 홉스는 영국의 저명한 정치 철학자며 회의론자로서 당대의 많은 사람을 타락시켰다. 그러나 그가 생애의 마지막에 남긴 말에는 엄청난 절망감이 들어가 있음을 알 수 있다.

"내가 온 세상을 갖고 있다면 단 하루를 살기 위해 기꺼이 내어 주리라. 그 세상에서 빠져나갈 구멍을 찾는다면 나는 기쁠 것이다. 나는 어둠 속으로 뛰어들고 있구나."[61]

이같이 하나님과 성경을 부인했던 무신론자들의 최후를 보면 지옥의 존재가 있다는 것을 알 수 있다. 그 반면에 경건한 주석을 많이 쓴 위대한 목사인 매튜 헨리는 죽으면서 이런 말을 남겼다.

"하나님을 섬기고 그분과 교제하며 보낸 삶은 인간이 이 세상에서 누릴 수 있는 가장 만족스러운 삶이다."[62]

무신론자들의 절망적인 외침과 비교해서 얼마나 많은 차이가 나는가? 위대한 전도자 요한 웨슬레 또한 마지막 순간에 거룩한 승리감에 넘쳐 이렇게 소리쳤다.

"모든 것 중에서 가장 좋은 것은 하나님께서 우리와 함께 계신다는 것이다."[63]

1549년에 순교한 엘레르트 얀센은 예수 그리스도를 부인하지 않았다는 죄목으로 죽음을 당하게 되었다. 그러나 처형장으로 끌려가면서 그는 이렇게 말했다.

"오늘은 내 생에 가장 기쁜 날이다."[64]

죽음은 모든 사람에게 동일하게 찾아오지만 신앙 안에서 죽는 사람하고 하나님을 부인하며 타락한 인생을 살다가 죽는 사람하고 이 얼마나 놀라운 차이가 나는가? 그러므로 우리는 이들 최후의 모습을 보더라도 지옥이 실재한다는 것을 부인할 수 없는 것이다.

III. 사후 세계에 대한 경각심을 가지라

모리스 롤링스는 우리에게 중요한 부분을 지적해 주고 있다. 그는 말하기를 오늘날 우리는 의학의 발달에 의해 과거 어느 때보다 죽음 이후의 세계에 대하여 더 자세히 알 수 있는 조건을 갖추고 있다는 것이다.

오늘날 발달한 심폐소생술 덕분에 갑자기 죽는 사람의 반 이상이 다시 살아날 수 있게 되었고 이에 따라 현재까지 800만에서 1,100만 명에 이르는 미국인들이 '임사체험'(臨死體驗, near death experience, NDE)을 했다고 한다.

그러므로 그는 오늘날은 인간 역사에서 사후 세계에 관한 유례없는 놀라운 자료들을 풍성하게 보유한 시대가 되었기 때문에 우리는 이 자료들을 활용해야 한다고 말한다.[65] 그와 동시에 모리스 롤링스는 또 하나의 중요한 문제를 지적한다. 그는 다음과 같이 말한다.

"대부분의 사람은 그야말로 죽음을 죽도록 두려워한다. 병원에서도 죽을 때가 되면 환자들은 "의사 선생님, 죽음이 두렵습니다" 하고 말한다. 그러나 "의사 선생님 심판이 두렵습니다" 하고 말하는 환자는 이제까지 한 사람도 보지 못했다."[66]

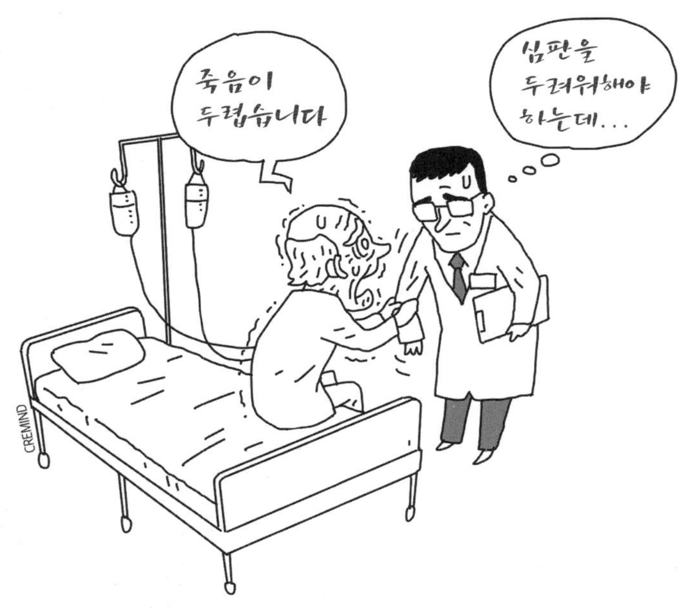

　그러나 성경은 죽음 자체보다 죽음 이후의 심판을 두려워하라고 이야기하고 있다는 사실을 그는 지적한다. 모리스 롤링스는 정확성을 기하기 위하여 임사체험을 한 사람들의 이야기를 모두 신뢰하지는 않고 그들 가운데서 체험 이후에 삶의 변화가 있었는가 하는 것을 유심히 살펴보았다. 그리고 삶의 변화가 있었더라도 그 체험 자체가 약물이나 마약의 영향으로 발생하지는 않았는지의 여부를 유심히 살펴보았다. 그리고 그 사람이 실제로 임상학적으로 완전히 죽었었는지 아니면 그저 죽음 비슷한 상태만 겪었는지도 구별하였다.

　그런데 여기서 주의할 것이 있다. 오늘날 임사체험을 했던 사람들 가운데는 긴 터널을 거쳐 빛의 존재를 보고 와서는 그 빛이 사람들에게 자비심이 많은 어떤 존재로서 자신을 드러내고, 신앙 여부에 상관없이 무조건적인 사랑을 보였다고 이야기하는 경우가 가끔 있다. 이에 대하여 모리스 롤링스는 그 빛은 사탄이거나 빛의 천사를 가장하여 사람을 속이는 사탄의 부하일 것이라고 이야기한다.[67] 그는 바울 사도가 한 다음과 같은 말을 언급한다.

"이것은 이상한 일이 아니니라 사탄도 자기를 광명의 천사로 가장하나니"(고린도후서 11:14).

사실 '루시퍼'라는 사탄의 이름은 원래 '빛'이라는 뜻이다. 그래서 루시퍼는 '계명성'이라는 칭호도 가지고 있다(사 14:12). 그래서 모리스 롤링스는 사탄은 사람들에게 지옥이 없다는 것을 인식시키기 위하여 가끔 임사체험을 하는 사람들에게 이렇게 나타난다고 본다.

그가 이렇게 확신하는 이유는 만약 죽음 이후에 심판이 없고 모든 사람이 다 빛의 나라에 들어간다면 자신의 환자 중에 끔찍한 지옥을 체험한 사람이 많이 있는 것이 설명이 되지 않기 때문이다. 그리고 지옥이 없다는 것은 성경의 주장과도 맞지 않기 때문이다.

IV. 지옥의 특징

그렇다면 성경은 지옥에 대하여 무엇이라고 이야기하는가? 성경 말씀을 근거로 살펴보면 지옥은 다음과 같은 세 가지 특징을 가지고 있다는 것을 알 수 있다.

1. 지옥은 탈출구가 없는 곳이다.

첫째, 지옥은 탈출구가 없는 곳이다. 단테의 신곡에 보면 지옥문 입구에는 "이곳에 들어오는 자는 모든 희망을 버려라"라고 하는 글이 적혀 있다고 한다. 이 세상의 어떤 건물이든지 들어가면 나오는 출구가 있는데 지옥은 한번 들어가면 절대로 빠져나올 수 없는 곳이다.

성경에는 지옥을 '무저갱'(계 20:3)이라고 표현하고 있다. 이 단어는 영어 King James Version에는 'bottomless pit'이라고 되어 있는데, 이 말은 '바닥이 없는 구덩이'라는 뜻이다. 그러므로 지옥은 한번 들어가면 나올 수가 없는 곳이다. 그러므로 우리는 어떻게 해서든지 지옥에 들어가기 전에 안 들어갈 방법을 찾아내어야 하는 것이다.

2. 지옥은 영원한 곳이다.

둘째로 지옥은 영원한 곳이다. 그러므로 거기서는 자살도 할 수가 없다. 왜냐하면 시간을 초월한 곳이기 때문에 죽음도 존재하지 않기 때문이다. 그러므로 지옥은 한번 들어가면 영원한 고통을 받아야 하는 곳이다. 그래서 R. C. 스프롤은 다음과 같이 말했다.

"지옥이 갖는 가장 무서운 면은 아마도 영원성일 것이다. 사람들은 아무리 큰 고통이라도 그것이 언젠가는 결국 끝나리라는 것을 알면 참아 낼 수가 있다. 그러나 지옥에서는 그러한 희망이 없다. 성경은 형벌이 영원하다는 것을 명확하게 가르친다."[68]

밀라드 에릭슨도 다음과 같은 말을 했다.

"지옥은 견딜 수 없는 고통이요 끝없는 단절과 분리와 외로움이다. 이런 처절한 단절과 분리가 잠깐이 아니요 영원하다는 사실을 깨닫게 될 때 누구든지 더 이상 소망이 없다는 절망감으로 그의 영혼은 압도 당하게 된다."[69]

지옥이 아무리 고통스러워도 100년만 고통받고 딱 끝나면 얼마나 좋겠는가? 아니면 1000년이라도 좋겠다. 그런데 문제는 지옥의 고통은 영원히 계속된다는 것이다. 절대로 끝나지 않는 영원의 고통! 정말 생각만 해도 무시무시한 일이 아닐 수 없다.

'영원한 생명'을 줄인 말이 '영생'(eternal life)이다. 많은 사람이 영생이 천국에만 있는 줄 안다. 그러나 엄밀히 말해서 영생은 천국뿐만 아니라 지옥에도 있다. 그러나 지옥에서의 영생은 차라리 없는 것보다 못한 것이다. 그래서 성경은 지옥에서 영원히 사는 것을 영생이라 하지 않고 '영벌'(eternal punishment)이라고 한다(마 25:46).

그래서 예수님께서는 자신을 배반한 가룟 유다의 운명을 미리 아시고 "인자는 자기에 대하여 기록된 대로 가거니와 인자를 파는 그 사람에게는 화가 있으리로다 그 사람은 차라리 태어나지 아니하였더라면 제게 좋을 뻔하였느니라"(마 26:24)고 말씀하신 것이다.

그러므로 우리가 꼭 기억해야 할 사실이 있다. 우리 인간은 싫든 좋든 앞으로 영원히 산다는 것이다. 그리고 어느 장소에서 우리의 영원을 보낼 것인가 하는 것은 각자의 선택에 달려 있다는 것이다. 지옥에서 영원히 사는 것은 우리에게는 아무 의미가 없고 하나님과 함께 누리는 영생이 진짜 영생이다. 하나님 없는 영생은 축복이 아니고 오히려 저주이다. 그러므로 예수님은 영생에 대해서 정의하실 때 영생을 그저 영원히 사는 것이라고 말씀하지 않으셨다. 예수님은 영생을 다음과 같이 정의하셨다.

"영생은 곧 유일하신 참 하나님과 그가 보내신 자 예수 그리스도를 아는 것이니이다"(요한복음 17:3).

즉, 하나님과 예수 그리스도를 아는 것으로부터 진정한 의미에서의 영원한 생명이 시작된다는 것이다. 이것이 예수님이 정의하신 영생의 완벽한 정의다. 우리는 분명히 기억해야 한다. 지옥은 영원한 고통이 있는 곳이다. 요한계시록에 나오는 지옥의 묘사에 사용된 단어를 주의 깊게 보라.

"그도 하나님의 진노의 포도주를 마시리니 그 진노의 잔에 섞인 것이 없이 부은 포도주라 거룩한 천사들 앞과 어린 양 앞에서 불과 유황으로 고난을 받으리니 그 고난의 연기가 세세토록 올라가리로다 짐승과 그의 우상에게 경배하고 그의 이름표를 받는 자는 누구든지 밤낮 쉼을 얻지 못하리라 하더라"(요한계시록 14:10-11).

여기에서 '세세토록'(forever and ever)으로 번역된 헬라어는 영원을 의미하는 것이다. 이같이 지옥의 고통은 영원하기 때문에 우리는 어떻게 해서든지 이 지옥의 고통을 피해야 한다.

다음은 토마스 왓슨이 지옥의 영원성에 대해 묘사한 말이다.

"지옥은 영원히 존재한다. 불신자들은 죽지만 지옥에서는 결코 죽을 수가 없다. 지옥에서는 영원히 그 타는 연기가 솟아오를 것이다. 오! 누가 영원히 계속되는 그 혹독한 고통을 참을 수가 있을까? 이 '영원히'란 말이 가슴을 찢어 놓는다. 지금 불신자들은 안식일이 길다고 푸념하고 기도도 너무 길다고 사양한다. 그러나 오! 그들이 지옥에서 영원토록 견뎌야 하는 시간들은 얼마나 길고 길까?"

3. 지옥은 실제적인 고통이 있는 곳이다.

마지막으로 지옥은 실제적인 고통이 있는 장소라는 것이다. 예수님께서 지옥에 대해 무엇이라고 말씀하셨는가?

"몸은 죽여도 영혼은 능히 죽이지 못하는 자들을 두려워하지 말고 오직 몸과 영혼을 능히 지옥에 멸하실 수 있는 이를 두려워하라"(마태복음 10:28).

이 말씀은 영혼만 지옥에 떨어지는 것이 아니라 우리의 몸까지 지옥에 같이 떨어진다는 의미다. 물론 그 몸이 지금의 몸하고는 다를 것이다. 그것은 절대로 죽지 않는 변화된 몸이기 때문이다. 그러나 한 가지 확실한 것은 지옥의 고통이 몸과 함께하는 실제적인 육신의 고통이라는 사실이다. 그것을 생각할 때 얼마나 두렵고 무서운지 모른다. 토마스 빈센트는 다음과 같은 말로 지옥의 고통에 대해 생생하게 표현한다.

"지옥에서는 인간의 모든 감각기관들까지도 견디기 힘든 고통을 받을 것이다. 귀는 정죄 받은 죄인들의 끔찍한 비명 소리와 절규와 울음 소리로,

눈은 두려움과 소름 끼치는 처참한 광경들로, 코는 열려진 무덤으로부터 올라오는 송장 썩는 냄새보다 더한 악취와 죽음의 냄새들로 인해 참으로 견디기 힘든 고통을 받게 될 것이다."[70]

V. 설마 하고 생각하지 말라

우리나라 속담 중에 '설마가 사람 잡는다'라는 말이 있는데 지옥의 경우가 여기에 딱 들어맞는 말이다. 많은 사람이 지옥에 관한 경고를 무시한다. '설마 그런 곳이 있겠는가'하고 생각한다. 그러나 그렇지 않다. '설마 없겠지'하고 생각했다가 죽고 난 뒤에 지옥이 있다면 그때는 땅을 치고 후회해도 소용이 없다.

다음은 1948년 엘버타에 사는 조지 고드킨이라는 사람이 중병을 오래 앓다가 경험한 지옥 체험이다. 그는 다음과 같이 말한다.

"나는 지옥이라 부르는 영계로 인도되었다. 이곳은 예수 그리스도를 거절한 사람들이 들어가는 형벌의 장소였다. 나는 지옥을 봤을 뿐만 아니라 거기 들어갈 사람들이 겪을 고통도 맛보았다. 지옥의 어둠은 얼마나 두껍던지 평당 압력을 잴 수도 있을 것 같았다. 정말 지독하게 깜깜하고 끔찍했으며, 적막하고 묵직한 어둠이었다. 어둠 속에 있는 각 사람을 짓누르고 의기소침하게 만드는 그런 어둠이었다. 물기라고는 찾아볼 수 없게 하는 열 기운이 그곳에 있었다. 눈알이 어찌나 건조하게 느껴지는지 눈구멍 안에 빨갛게 단 석탄 두 개가 들어 있는 것만 같았다. 입술과 혀가 고열로 바짝 말라붙어 쩍쩍 소리가 나게 갈라졌다. 콧김이 마치 용광로에서 뿜어 나오는 바람처럼 후끈후끈했다. 몸 바깥쪽은 무슨 난로 안에 갇힌 것처럼 뜨거웠고 몸 안쪽도 밖에서 들어오는 뜨거운 김으로 고통스럽기 그지없었다. 이 지옥이 인간 영혼에 주는 고통과 고독의 처절함은 정말이지 말로는 제대로 표현할 수가 없다. 그저 겪어 봐야만 알 수 있을 뿐."[71]

지옥은 분명히 있다. 우리는 지옥의 존재에 대하여 경각심을 가져야 한다. 전도자 D. L. 무디는 이런 말을 했다. "지옥이 없다면 모든 성경책은 다 불태워 버려야 한다. 또, 지옥이 없다면 많은 시간과 돈을 들여 예배당을 지을 필요가 없다. 있는 예배당을 다 사교장으로 만들어야 한다."

그렇다. 지옥이 없다면 기독교의 복음은 인류 최대의 사기이고, 모든 목사는 가장 악랄한 사기꾼이며, 기독교라는 종교는 공산주의자들이 이야기하는 대로 인민의 아편이다. 그러나 만약 정말로 지옥이 존재한다면 지옥을 피할 수 있는 길을 가르쳐 주는 기독교의 복음은 모든 인류를 위한 가장 놀랍고 기쁜 소식이며, 이것을 전하는 전도자는 이 세상에서 가장 위대한 일을 하고 있는 사람인 것이다.

기억하라. 싫든 좋든 지옥은 분명히 존재한다. 그러므로 이 지옥의 실재성을 미리 알고 지옥을 가지 않도록 준비하는 것이 가장 지혜로운 행동이다. 죽고 난 뒤에는 후회해도 소용이 없다. 죽고 나면 우리는 기회를 잃어버린다. 죽음은 인간 존재의 완성이다.

이는 마치 토기장이가 토기를 불에 굽고 나면 그 형태를 변경시킬 수 없는 것과 같다. 인간은 죽고 난 뒤에는 본질을 바꿀 수 없다. 그러므로 아직 죽지 않았을 때, 생명이 붙어 있을 때가 구원받을 수 있는 유일한 기회다. 이 기회를 절대로 놓치지 말라.

"불신자들에 대한 하나님의 은혜의 기간은 죽음으로 끝이 난다." - 필립 헨리

노후 대책과 사후 대책

　오늘날 사람들의 평균 수명이 길어졌다. 그래서 사람들이 유난히 노후 대책에 신경을 많이 쓴다. 나이가 들어서도 건강하게 살려고 열심히 헬스클럽에 다니거나 등산을 가기도 한다. 혹은 몸에 좋다고 하는 보약이나 건강식품을 찾아 먹는 사람도 많이 있다. 그뿐 아니라 나이가 들어서 여유롭게 살려고 미리 은퇴 설계를 하고, 이를 위해 적금이나 보험, 주식에 일찍부터 투자하는 사람도 많이 있다.

　그런데 문제는 사람들이 '노후 대책'에는 열심을 내지만 노후 대책보다 훨씬 더 중요한 '사후 대책'에는 거의 관심을 가지지 않는다는 것이다. 사실상 우리가 노후에 좀 더 오래 건강하고 여유롭게 살아봤자 겨우 30~40년밖에 되지 않는다. 아무리 오래 산다 해도 120세를 넘기지는 못한다.

　그런데 우리가 죽고 난 뒤의 삶은 영원하다. 성경에 따르면 하나님 없이 예수 그리스도를 모르고 죽으면 영원한 불 심판이 기다리고 있다. 그럼에도 사람들은 사후 대책에는 거의 신경을 쓰지 않는다. 이는 참으로 어리석은 행동이 아닐 수 없다.

　성경에 보면 예수님이 부자와 나사로의 이야기를 하신 적이 있다. 부자는 날마다 넉넉하게 호의호식하며 잔치를 했고, 거지 나사로는 부자의 집 앞에서 상에서 떨어지는 음식으로 배를 채웠다. 그 후 부자도 죽고 나사로도 죽었는데 부자는 음부의 고통의 장소로 갔고 거지 나사로는 아브라함의 품에 안겼다.

　여기서 중요한 것은 부자가 부자였기 때문에 고통의 장소에 간 것도, 나사로가 거지였기 때문에 아브라함의 품에 안긴 것도 아니라는 것이다. 중요한 것은 부자는 하나님을 인정하지 않고 자기 마음대로 살았고, 나사로는 비록 거지였지만 하나님을 믿었던 사람이었다는 것이다.

　　부자는 자신의 인생이 죽음과 함께 끝난다고 생각했다. 그래서 마음껏 먹고 마시며 흥청망청 살았다. 하지만 부자는 인생이 제1막으로 끝나는 것이 아니라, 죽고 난 뒤에 펼쳐질 제2막의 삶이 있다는 사실을 몰랐다. 사람이 죽고 나면 그것으로 끝나는 것이 아니라, 그 다음에는 하나님의 심판이 있고 영원한 천국이나 지옥이 기다리고 있다는 사실을 그는 모르고 있었던 것이다.

　　그러므로 인생의 유한성을 깨닫고 죽고 난 뒤에 펼쳐질 제2막의 삶을 미리 준비하는 사람이 지혜로운 사람이다. 그렇지 않으면 죽고 난 뒤에 크게 후회할 일이 생기기 때문이다. 그러므로 우리는 노후 대책도 중요하지만 그것보다 훨씬 더 중요한 것은 사후 대책이라는 사실을 꼭 명심해야 한다.

"하나님은 우리에게 이 땅에서의 짧은 시간을 주셨다. 그 짧은 시간에 영원이 좌우된다." - 제레미 테일러

05

천국은 정말 있는가?

천국은 정말 있는가?

"그리스도인에게 죽음은 천국의 동녘이 트기 전 마지막 어둠이다."

I. 천국을 사모하는 인간

우리 인간은 누구나 천국에 대한 관심이 있다. 그것은 인간은 동물과 달리 영혼이 있는 존재이기 때문이다. 그러므로 인간은 본능적으로 천국을 사모하게 되어 있다. 세계적인 강연가인 존 맥스웰 목사님이 한번은 이집트에 가서 피라미드를 보고서 큰 충격을 받았다고 말씀하신 적이 있다. 그가 본 피라미드 중에 어떤 것은 십만 명의 일꾼들이 40년에 걸쳐서 지은 것도 있었다고 한다.

그러나 존 맥스웰 목사님을 진정으로 놀라게 한 것은 피라미드 자체의 위용이 아니었다. 목사님은 그 거대한 피라미드가 사후 세계에 대한 인간의 관심에서 비롯된 것임을 깨닫고 놀랐다는 것이다. 그러면서 그는 우리가 전 세계의 문화를 연구해 보면 모든 사람이 사후 세계에 대하여 지대한 관심을 가지고 있다는 것을 발견하게 된다고 이야기한다.

그렇다. 인간은 죽음 이후의 세계에 대하여 누구나 관심을 가지고 있다. 그렇다면 도대체 왜 오늘날의 사람들은 천국에 대하여 별로 관심을 가지지 않는 것인가? 그것은 오늘날의 문화의 영향력 때문이다. 오늘날의 문화는 인스턴트 문화이다. 사물을 멀리 내다보지 않고 오직 눈앞의 쾌락과 행복만 추구하는 것이 오늘날 시대의 특징이다.

또한 사물의 근원이나 뿌리를 생각하지 않고 그저 눈앞에 보이는 꽃이나 열매만 따서 취하려고 하는 시대가 오늘날의 시대이다. 거기다가 날마다의 삶이 너무 바쁘고 분주하다 보니 나중에 죽어서 갈 천국에 대하여 생각할 시간이 없는 것이다. 그래서 인류 역사상 처음으로 우리는 사람들이 사후 세계에 관하여 관심을 가지지 않는 시대에 살게 되었다. 그러나 우리는 천국이 있다는 사실을 분명히 알아야 하며 또한 천국에 갈 수 있도록 스스로를 준비시켜야 한다.

II. 천국은 정말 있는가?

지옥에 대하여 생각해 보았다면 우리는 천국에 대해서도 생각해 보아야 한다. 왜냐하면 성경은 하나님께 범죄한 사람들이 가는 지옥이 있다는 것을 이야기함과 동시에 하나님을 사랑하고 예수 그리스도를 믿는 사람들이 영원히 행복하게 살 천국이 있다는 것도 분명히 이야기하고 있기 때문이다.

성경은 사후 세계에 관하여 기록된 유일한 책이다. 성경은 지옥뿐만 아니라 천국에 대해서도 분명히 이야기하고 있다. 천국은 하나님의 나라다. 우리가 어떤 나라에 들어가려면 미리 준비를 해야 한다. 가령 미

국에 들어가려면 미국이라는 나라에 들어갈 수 있도록 허락해 주는 비자를 받아야 한다. 만약 그것이 없으면 공항에서 입국도 못 해보고 쫓겨난다. 마찬가지로 우리가 천국에 가려면 천국이 어떤 곳인지 미리 알아보아야 하고 그곳에 들어갈 수 있는 자격을 갖추어야 한다.

III. 천국이 있다고 믿을 수밖에 없는 이유

그러면 우리는 천국이 있다는 것을 어떻게 알 수 있는가? 천국의 실재를 분명하게 알 수 있게 해주는 세 가지 증언이 있다.

1. 성경의 증언

우리가 천국이 있다는 것을 확실히 알 수 있는 첫 번째 증거는 성경에서 천국의 모습을 실제적으로 분명히 묘사해 놓았다는 것이다. 성경은 하나님의 거룩한 영감으로 기록되었기 때문에 절대로 없는 것을 있는 것처럼 이야기할 책이 아니다. 그런데 성경 곳곳에는 우리가 죽은 다음에 갈 천국에 대하여 분명하게 이야기하고 있다. 그중에서 특별히 성경의 마지막 책인 요한계시록에는 사도 요한이 하나님의 성령에 이끌려 천국을 직접 보고 그것을 상세히 묘사해 놓은 모습이 나온다.

"성령으로 나를 데리고 크고 높은 산으로 올라가 하나님께로부터 하늘에서 내려오는 거룩한 성 예루살렘을 보이니 하나님의 영광이 있어 그 성의 빛이 지극히 귀한 보석 같고 벽옥과 수정 같이 맑더라"(요한계시록 21:10-11).

성경은 천국의 기초는 보석으로 되어 있고 성곽은 벽옥으로 둘러싸여 있다고 이야기한다. 그리고 천국의 도로는 황금길이며 문은 진주문이라고 이야기한다(계 21:18-21). 우리가 좋아하는 황금은 천국에서는 도로 포장 재료에 불과하다. 우리 발길에 차이는 것이 모두 황금이다. 그리고 천국은 온갖 화려한 보석으로 지어진 성이다. 그러나 천국이 무엇보다 좋은 것은 천국에는 우리를 사랑하는 하나님이 계신다는 사실이다. 우리는 그분의 사랑의 빛 가운데서 영원히 기뻐하고 즐거워하게 될 것이다.

2. 예수 그리스도의 증언

우리가 천국에 대하여 확신할 수 있는 두 번째 이유는 우리의 주님이신 예수 그리스도께서 우리가 죽고 나면 가게 될 천국에 대하여 분명하게 말씀하셨기 때문이다. 사실 우리가 전도할 때 천국에 관하여 이야기하면 천국이 있는지 가 봤냐고 말하는 사람이 있다. 사실 천국에 가보지도 않고 천국이 있다고 함부로 이야기하기는 쉽지 않다. 그러나 우리는 천국에 대하여 확신 있게 말할 수 있는 근거가 있다. 그것은 천국에 있다가 오신 분이 천국에 대하여 분명히 증언하셨기 때문이다. 그분이 바로 예수 그리스도이시다.

인류 역사상 지금까지 이 땅에 수많은 사람이 스쳐 지나갔고 역사상 수없이 위대한 철학자들과 종교 지도자들이 왔다 갔지만 그 누구도 천국에 대하여 분명히 이야기할 수 없었던 것은 그들도 사실은 천국에 한 번도 가본 적이 없었기 때문이다. 그 반면에 예수 그리스도께서 우리에게 천국에 대해서 그렇게 분명하게 이야기하실 수 있었던 것은 그분이 바로 천국에서 오신 분이시기 때문이다. 성경은 다음과 같이 말한다.

"위로부터 오시는 이는 만물 위에 계시고 땅에서 난 이는 땅에 속하여 땅에 속한 것을 말하느니라 하늘로부터 오시는 이는 만물 위에 계시나니 그가 친히 보고 들은 것을 증언하되 그의 증언을 받는 자가 없도다"(요한복음 3:31-32).

이 말씀은 이 땅에 태어났던 위대한 인물들의 한계를 말해준다. 소크라테스나 플라톤은 위대한 철학자였다. 그러나 그들이 우리 인생의 문제에 대하여 근원적인 답을 줄 수 없었던 것은 그들 또한 이 땅에서 태어난 하나의 인간에 불과하기 때문이다. 마호메트나 석가모니는 대단한 종교 지도자다. 그러나 그들이 죽음 이후의 문제에 대하여 분명한 답을 줄 수 없었던 것은 그들 또한 이 땅에 속한 사람들이기 때문이다.

그러나 예수 그리스도는 우리에게 천국에 관한 이야기를 해주실 수 있다. 왜냐하면 그분은 위로부터 오신 하나님이시기 때문이다. 성경은 예수님은 원래 하나님의 본체이신 분이라고 이야기 한다.

"그는 근본 하나님의 본체시나 하나님과 동등됨을 취할 것으로 여기지 아니하시고 오히려 사람들과 같이 되셨고"(빌립보서 2:6-7).

　그러므로 예수님은 인류 역사상 유일하게 천국에 관하여 이야기하실 수 있으시고 또한 우리에게 천국에 가는 방법도 가르쳐 주실 수 있는 것이다. 특별히 예수님의 천국에 관한 말씀 중에서 가장 가슴에 와닿는 말은 요한복음에 나오는 다음의 말씀이다.

　"너희는 마음에 근심하지 말라 하나님을 믿으니 또 나를 믿으라 내 아버지 집에 거할 곳이 많도다 그렇지 않으면 너희에게 일렀으리라 내가 너희를 위하여 거처를 예비하러 가노니 가서 너희를 위하여 거처를 예비하면 내가 다시 와서 너희를 내게로 영접하여 나 있는 곳에 너희도 있게 하리라"(요한복음 14:1-3).

　예수님께서는 이제 자신이 십자가에 못 박히시고 사흘 후면 부활하여 제자들을 떠나 하늘로 승천할 것을 아시고 제자들에게 보석과 같은

약속의 말씀을 주시는 것이다. 그것은 바로 예수님이 천국에 먼저 가시면 제자들을 위하여 집을 준비해 놓으시고 그들을 그곳으로 데려가겠다고 약속하시는 것이다.

예수님은 평생 거짓말을 안 하고 사신 분이시다. 그런데 그러한 분이 우리에게 있지도 않은 천국 집을 이야기함으로 우리의 마음에 헛된 기대감을 불러일으키셨을 리가 없다. 예수님께서는 자신이 천국에 있다가 오셨기 때문에 천국에 대하여 분명히 아시고 우리를 천국으로 데려가실 수 있는 것이다.

3. 천국을 체험한 사람들의 증언

마지막으로 우리가 천국이 있다는 것을 의심하지 않는 것은 천국을 체험한 사람들의 증거가 있기 때문이다. 한번은 노만 빈센트 필 목사님이 자신의 책에서 에디슨의 죽음에 관하여 이야기한 것을 읽은 적이 있다(그는 에디슨과 직접 깊은 교제를 가진 적은 없지만 에디슨의 부인과 아들들하고는 잘 알고 지내는 사이였다고 한다).

에디슨의 사후 그의 부인은 에디슨이 죽음의 문턱에 서 있던 날 밤의 이야기를 필 목사님에게 해주었다. 마지막 임종 시 에디슨은 갑자기 무슨 말을 하고 싶어 하는 것 같았다. 그래서 그의 부인과 의사는 허리를 굽혀 그에게 바짝 다가갔다. 그 위대한 과학자는 얼굴에 미소를 지으며 이렇게 말했다고 한다. "저쪽은 너무나 아름답군."

에디슨은 하나님을 경외하는 사람이었다. 그는 언젠가 기자가 그를 이 세상에서 가장 위대한 발명가로 치켜세우자 그의 손가락으로 하늘을 가리키며 진정으로 위대한 발명가는 저 위에 계신다는 말을 한 적이 있다. 그런 그가 죽으면서 "저쪽은 너무나 아름답군"이라는 말을 남긴 것이다.

여기에 대해 노만 빈센트 필 목사님은 이렇게 이야기한다. 에디슨은 미국에서 가장 머리가 좋은 사람이었고 언제나 본 것을 정확하게 전하는 과학자였는데 그가 죽는 순간에 꿈결에 젖은 눈을 가진 시인이 되었다고 보기는 어렵다는 것이다.[72] 그가 죽는 순간 아름다운 사후 세계를 확실히 보았기 때문에 그런 이야기를 한 것이라는 것이다.

노만 빈센트 필 목사님은 또 다른 책에서 어떤 소녀에게 일어났던 한 사건을 소개한다. 결핵으로 죽어가고 있던 그 소녀는 무의식 상태에 빠져 있었다. 사람들은 그녀가 "수잔, 엘리, 배리가 보여!"라고 말하는 것을 들었다. 이들은 그녀의 세 자매로 그들 모두는 이미 이 세상에 없었다. 그리고 그녀는 말했다. "에드워드가 있네. 에드워드도 거기 있는 줄은 몰랐어!" 가족들은 이것을 이상하게 생각했다.

그런데 이 소녀가 죽은지 3주 후, 그들은 에드워드가 살고 있던 외국으로부터 한 통의 편지를 받았다. 에드워드는 그 소녀가 죽기 2주 전에 세상을 떠났다는 것이었다.[73]

이와 비슷한 이야기가 또 있다. 세계적인 전도자 빌리 그래함 목사님이 직접 경험한 이야기다. 그는 그의 할머니가 돌아가셨을 때 놀라운 경험을 하였다. 그의 할머니는 침대에서 일어나 앉아 웃으시면서 이렇게 말씀하셨다고 한다.

"나는 지금 예수님을 뵙고 있단다. 예수님께서 그의 손을 내게로 뻗치고 계시는구나. 아! 저기에 벤이 두 눈과 두 다리를 모두 가진 채 서 있구나."[74]

벤은 빌리 그래함 목사님의 돌아가신 할아버지였는데 게티스버그 전

투에서 다리 한 짝과 눈 한 쪽을 잃으셨다고 한다. 그런데 할머니는 임종의 순간에 예수님과 그의 남편이 건강한 모습으로 자기를 맞이하러 온 것을 본 것이다.

아이들은 죽을 때 어른들보다 훨씬 더 분명하게 영적 체험을 하는 경향이 있다. 그 이유는 아마도 아이들이 어른들보다 훨씬 순수하기 때문일 것이다. 그리고 아이들의 체험은 그들의 순수성으로 인하여 어른보다 훨씬 더 신뢰할 만하다.

예일대학에서 소아학을 가르치는 다이앤 콤프 교수는 임사체험을 하는 아이들을 25년 동안이나 관찰한 결과 기독교의 가르침이 사후 세계에 대하여 가장 정확한 정보를 담고 있는 것으로 확신하게 되었다. 콤프 박사가 백혈병으로 죽어가는 7살짜리 소녀와 그 가족을 위로해 줄 때였다. 죽어가던 아이가 마지막 힘을 쥐어짜서 자리에 앉더니 이렇게 말하는 것이었다.

"엄마, 저 천사들 좀 보세요. 너무 아름다워요! 엄마, 저 천사들이 보여요? 어쩌면 저렇게 노래를 잘하죠? 저렇게 아름다운 노래는 들어본 적이 없어요."[75]

그 말을 끝으로 아이는 죽었다. 콤프 교수는 죽어가는 아이가 남긴 이 몇 마디는 아이의 부모에게는 하늘에서 내려온 선물과 같았다고 이야기한다. 아이의 죽음으로 인하여 큰 슬픔에 잠길 뻔한 부모가 이 아이가 남긴 말을 통하여 자신의 아이가 죽고 난 뒤 어디로 가게 되었는지를 분명히 확신하게 되었기 때문이었다.

천국은 분명히 있다. 그러므로 천국이 있는 것을 확실하게 아는 사람은 죽음을 두려워하지 않는다. 히틀러 암살 사건에 가담했다는 죄목으로 붙잡혀서 감옥에 갇혀 있다가 처형당한 디트리히 본회퍼는 사형 집행인이 그의 이름을 부르는 소리를 들으며 다음과 같은 유명한 말을 남겼다.

"이것으로 끝이다. 그러나 새로운 시작이다."

미국이 낳은 위대한 전도자 D. L. 무디의 이야기도 유명하다. 그는 노년에 어느 날 사람들에게 이런 이야기를 했다.

"언젠가 여러분은 신문에서 'D. L. 무디 사망'이라는 기사를 읽을 것입니다. 그러나 그 말에 속지 마십시오. 저는 그날 아침에 그 어느 때보다 더욱 생생하게 살아 있을 것입니다."

무디는 마지막 죽음의 순간에 기뻐하며 이렇게 소리쳤다.

"나는 땅이 물러가고 하늘이 열리는 것을 본다. 하나님이 나를 부르고 계신다."[76]

IV. 천국의 특징

그렇다면 이토록 놀라운 천국은 과연 어떤 곳인가? 천국이 어떤 곳인가를 알기 위해서는 천국에 없는 것이 무엇이고 천국에 있는 것이 무엇인가를 알 필요가 있다.

1. 천국에 없는 것

1) 천국에는 모든 불결한 것이 없다.

"무엇이든지 속된 것이나 가증한 일 또는 거짓말하는 자는 결코 그리로 들어가지 못하되"(요한계시록 21:27).

천국에는 죄도 없고 우리를 그렇게 괴롭히던 마귀도 없다. 천국은 완전하고 거룩한 곳이기 때문이다.

2) 천국에는 저주가 없다.

"다시 저주가 없으며"(요한계시록 22:3).

천국은 하나님이 계신 곳이고 인간의 모든 고통이 끝난 곳이다. 그래서 천국에는 슬픔의 눈물이 없고 고통이 없고 죽음이 없다. 이 모든 것은 저주로 인하여 생긴 것이기 때문이다.

"모든 눈물을 그 눈에서 닦아 주시니 다시는 사망이 없고 애통하는 것이나 곡하는 것이나 아픈 것이 다시 있지 아니하리니 처음 것들이 다 지나갔음이러라"(요한계시록 21:4).

그래서 토마스 무어경은 "Earth has no sorrow that Heaven cannot heal(천국이 치유할 수 없는 이 땅의 슬픔은 없다)"라는 유명한 말을 했다.

3) 천국에는 흑암이 없다.

천국에는 해와 달이 없기 때문에 낮과 밤의 개념이 없다. 천국에서 우리는 언제나 환한 빛 가운데 있을 것이다.

"그 성은 해나 달의 비침이 쓸 데 없으니 이는 하나님의 영광이 비치고 어린 양이 그 등불이 되심이라"(요한계시록 21:23).

천국에서는 하나님과 어린양 예수님 자신이 빛이 되신다. 그러므로 우리는 천국에서 영원히 하나님의 영광의 빛 가운데 거하게 될 것이다. 토마스 왓슨이 한 말을 기억하라.

"성도에게 영원이란 결코 해가 지지 않는 낮이 계속되는 것이고 불신자에게 영원이란 결코 해가 뜨지 않는 밤이 계속되는 것이다."

2. 천국에 있는 것

1) 천국에는 찬란한 도성과 우리가 살집이 있다.
"또 내가 보매 거룩한 성 새 예루살렘이 하나님께로부터 하늘에서 내려오니"(요한계시록 21:2).

우리는 영광과 은혜가 충만한 천국 도성에서 영원히 행복하게 살 것이다.

2) 천국에는 생명수 강과 생명나무가 있다.
"또 그가 수정 같이 맑은 생명수의 강을 내게 보이니 하나님과 및 어린 양의 보좌로부터 나와서 길 가운데로 흐르더라 강 좌우에 생명나무가 있어 열두 가지 열매를 맺되 달마다 그 열매를 맺고 그 나무 잎사귀들은 만국을 치료하기 위하여 있더라"(요한계시록 22:1-2).

그곳에서 우리는 다시는 목마름과 배고픔을 경험하지 않을 것이다.

3) 천국에는 우리가 이 땅을 살면서 사귀었던 성도들이 있고 무엇보다 하나님과 예수님이 계신다.
"하나님과 그 어린 양의 보좌가 그 가운데 있으리니"(요한계시록 22:3).

우리는 그분을 찬양하며 영원토록 기뻐할 것이다. 그리고 동시에 그분과 함께 전 우주를 다스릴 것이다.

"저희가 세세토록 왕 노릇 하리로다"(요한계시록 22:5).

V. 당신은 천국을 믿는가?

많은 사람이 죽음을 두려워한다. 그것은 죽음이라는 것은 아무도 가보지 못한 미지의 세계로 들어가는 것을 의미하기 때문이다. 그러나 천국에 대한 확신이 있는 사람은 죽음을 두려워하지 않는다. 왜냐하면 그들은 죽음 저편에 아름다운 하늘나라가 존재한다는 것을 믿기 때문이다.
그러므로 그리스도인에게 있어서는 죽음이라는 것은 지금까지 경험해 보지 못한 더 위대하고 황홀한 세계로 모험을 떠나는 것을 의미한다. 그래서 『실낙원』을 쓴 밀턴은 죽음을 '영원의 궁전을 여는 황금 열쇠'라고 표현했다.

여러분은 어떤가? 이 천국의 존재가 믿어지는가? 런던의 씨티 템플에서 수년간 설교를 한 위대한 설교자인 레슬리 웨드헤드(Leslie D. Weatherhead) 목사님이 한번은 우리가 천국에 들어가는 것을 아기의 탄생으로 비유해서 설명한 적이 있다.[77]

그는 엄마의 태중에 있는 작은 아기의 모습을 상상해 보라고 이야기한다. 이 아기에게는 모든 것이 순조롭고 평온하다. 그는 엄마가 주는 모든 영양분을 공급받으며 안락하고 행복한 삶을 누린다. 그런데 그때 누군가가 그에게 이렇게 말을 건다면 어떻게 될까?

"얘야, 너는 거기에 계속 있는 것이 아니란다. 이건 단지 짧은 시간 동안뿐이지, 너는 태어나게 될거야." 그런데 우리 입장에서 볼 때는 태어나는 것이지만 아기의 입장에서는 그것은 죽는 것과 마찬가지다. 그는 익숙한 세상을 떠나서 한 번도 가보지 못한 세상으로 나아가는 것이기 때문이다. 아기는 "싫어요, 나는 여기서 나가기 싫어요. 나는 여기가 좋아요"라고 이야기할 것이다.

그러나 그날이 되고 탄생의 순간이 다가오면 어떻게 되는가? 아기는 자신이 강하고 부드러운 팔에 안겨 있다는 사실을 깨닫는다. 그리고 지금까지 보아 왔던 침침한 흑백의 세상 대신 눈부신 태양과 믿을 수 없을 만큼 찬란한 총천연색의 세상이 있는 것을 깨닫게 된다. 그렇다. 어두컴컴한 엄마의 자궁 속에 들어가 있는 아이에게 천연색의 또 다른 세상이 있다는 사실을 아무리 설명해 주어도 그 아이는 이해하지 못할 것이다.

우리의 죽음도 마찬가지다. 우리는 어느 날 나이가 들면 이 세상을 떠날 날이 올 것이다. 그때가 되면 우리는 정들었던 가족들과 사랑하던 사람들, 그리고 모든 익숙한 것들과 결별하여 전혀 모르는 미지의 세계로 나아가야 하는데 그것이 너무나 두려울 것이다. 그러나 그리스도 예수 안에 있는 신자들의 죽음은 하나님의 영광의 나라에서의 새로운 탄생이다.

우리가 죽음이라는 터널을 통과하고 나면 우리는 다시 한번 강하고 부드러운 팔이 우리를 붙잡는 것을 느끼며 우리를 기다리고 있는 하나님 아버지의 다정한 얼굴을 보게 될 것이다. 그리고 지금까지 지상에서 맛보았던 그 어떤 기쁨과 감격으로도 설명할 수 없는 놀라운 천국이라는 세계를 경험하게 될 것이다. 이것이 예수 그리스도 안에서 죽는 자들의 죽음이다. 그래서 성경은 믿는 자의 죽음을 하나님께서 귀중하게 보신다고 이야기한다(시편 116:15).

VI. 당신의 선택은 무엇인가?

많은 사람이 인간의 삶을 일생(一生)이라고 이야기한다. 그러나 엄밀하게 말하면 인간의 삶은 일생이 아니고 삼생(三生)이다. 엄마 뱃속에서

9개월, 이 땅에서의 90년, 그리고 죽고 나서 영원히 사는 것, 이렇게 인간의 삶은 삼생(三生)으로 나누어진다.

그렇다면 여기서 가장 중요한 생이 무엇인가? 물론 엄마 뱃속에서의 9개월이 중요하다. 그래서 사람들이 태교에 많은 관심을 가진다. 그러나 그것보다 더 중요한 것은 태어나서의 90년의 삶이며 그보다 더더욱 중요한 것은 죽고 난 후의 삶이다. 그것이 가장 중요한 이유는 죽고 나서의 삶은 영원하기 때문이다.

그러므로 우리 인간은 이 땅에서 90년 동안 잘 먹고 잘사는 것도 중요하지만 더 중요한 것은 그 이후의 영원한 생명을 어디서 보낼 것인가 하는 것을 결정하는 것이 더 중요한 것이다. 어떤 면에서는 앞의 생은 뒤의 생을 잘 보내기 위한 준비 과정이다. 그러므로 우리의 짧은 인생은 그 자체로는 짧고 허무하지만 우리가 어디서 영원을 보낼 것인가를 결정하게 해주는 기간이라고 생각할 때는 너무나 중요한 시간이다.

여러분은 자신의 인생 가운데 영원의 시간을 어디에서 보내기를 원하는가? 당연히 천국에서 보내기를 원할 것이다. 그런데 많은 사람이 천국에 들어가고 싶어 하지만 천국에 들어가는 법을 정확하게 알고 있는 사람은 그리 많지 않다. 성경은 하나님께서 예수 그리스도를 통하여 우리에게 영생의 선물을 주신다고 이야기한다.

예수님은 하나님의 아들로서 우리에게 영생을 주시기 위하여 친히 천국을 떠나 이 땅에 오셔서 우리 죄를 위하여 십자가에서 돌아가셨다. 그래서 성경은 예수님이 있는 자에게는 영생이 있고 하나님의 아들이신 예수님이 없는 자에게는 영생이 없다고 이야기하는 것이다. 그것이 바로 성경이 시종일관 강조하고 있는 부분이다.

"또 증거는 이것이니 하나님이 우리에게 영생을 주신 것과 이 생명이 그의 아
들 안에 있는 그것이니라 아들이 있는 자에게는 생명이 있고 하나님의 아들이
없는 자에게는 생명이 없느니라"(요한일서 5:11-12).

성경은 하나님의 아들이신 예수 그리스도 안에 영생이 있다고 분명
히 이야기한다. 예수님이 하나님이시니까 그분 안에 영원한 생명이 있
는 것은 당연한 것이다. 이것이 바로 우리가 예수님을 마음속에 받아들
여야 하는 결정적인 이유이다. 예수님을 마음속에 모시면 예수님 안에
있는 영생이 따라 들어와 우리도 자연히 영생을 소유하게 된다. 이것을
알고 예수 그리스도를 마음에 모시고 사는 사람은 죽고 난 뒤에 지옥에
가지 않고 영원한 천국에서 하나님과 함께 살게 된다. 이 사실을 분명히
알고 믿게 되길 바란다.

예수의 생명이 있는 사람과 없는 사람의 차이를 계란으로 비유해서
설명해 보자. 여러분은 계란에도 두 종류가 있다는 사실을 아는가? 바로

유정란과 무정란이다. 무정란은 암탉이 혼자 낳은 달걀이다. 유정란은 암탉과 수탉이 같이 낳은 달걀이다. 겉으로 보기에는 똑같지만 어미 닭이 알을 품으면 결과는 크게 달라진다. 유정란은 21일이 되면 병아리가 되어 나오지만 무정란은 어미 닭이 품고 있으면 썩어버린다.

유정란과 무정란은 어떻게 구별하는가? 유정란과 무정란은 겉으로 보기에는 똑같지만 밝은 불빛에 비춰보면 유정란은 무정란과 달리 그 속에 빨간 씨 같은 것이 있다. 그것이 유정란과 무정란의 차이다.

사람도 마찬가지다. 겉으로 보기에는 모든 사람이 다 똑같아 보인다. 그러나 그 속을 가만히 보면 예수의 생명을 품고 있는 사람이 있고 예수 그리스도의 생명이 없는 사람이 있다. 무정란과 유정란처럼 예수 그리스도를 받아들여 그 속에 예수의 생명의 씨앗이 있는 사람이 있고 그것이 없는 사람이 있는 것이다.

그냥 이 땅에서 살아갈 때는 그 두 사람의 차이가 크게 느껴지지 않는다. 그러나 일단 죽어서 무덤에 묻히게 되면 그 결과는 확연히 달라지게 된다. 예수 그리스도의 생명을 품고 있는 사람은 주님이 오실 때 영원한 생명의 부활로 나오지만 예수의 생명이 없는 사람은 영원한 멸망으로 떨어지게 된다. 그러므로 우리는 이 땅에서 우리의 생명이 끝나기 전에 예수 그리스도를 마음속에 받아들여 그분이 주시는 영원한 생명을 소유해야 한다.

"나는 지금까지 온 세상을 돌아다니며 여러 호텔과 모텔 방에서 잠을 잤고 여러 항공사의 비행기를 탔었고 수많은 외국어를 배우려고 노력하였다. 바다가 눈앞에 보이는 곳에 별장이 있어 일년내내 수영을 할 수 있는 휴양지도 내게 매력적으로 느껴지지만 나이가 들어갈수록 가장 멋진 휴식은 집으로 돌아가는 것이라는 생각이 든다." - 빌리 그래함

죽음을 이렇게 생각해 보면 어떨까?

우리는 죽음을 파괴하기 위하여 오는 것으로 묘사한다.
그러나 죽음을 그리스도가 우리를 구원하기 위하여
오시는 것으로 묘사해 보면 어떨까.

우리는 죽음을 마지막으로 생각한다.
그러나 죽음을 삶으로, 그것도 풍성한 삶의 시작으로 생각해 보면 어떨까.

우리는 죽음을 잃어버리는 것으로 생각한다.
그러나 그것을 얻는 것으로 생각해 보면 어떨까.

우리는 죽음을 이별로 생각한다.
그러나 그것을 만남으로 생각해 보면 어떨까.

우리는 죽음을 멀리 가는 것으로 생각한다.
그러나 그것을 도착하는 것으로 생각해 보면 어떨까.

죽음의 목소리가 우리에게 '너는 이제 이 땅을 떠나야 한다'라고
속삭인다고 생각하는 대신에

주님께서 '너는 이제 내게 오는 것이다'라고
말씀하시는 것으로 생각해 보면 어떨까.

– 노만 메크레오드(Norman Macleod)

CREMIND

06

예수 | 그리스도는 진정 구세주인가?

예수 그리스도는 진정 구세주인가?

"Jesus built us a bridge, with 2 boards and 3 nails."
"예수께서는 나무 막대기 두 개와 못 세 개로 하나님께로 가는 다리를 만
드셨다."

I. 예수 그리스도의 위대성

예수 그리스도가 인류 역사에 있어서 차지하는 비중은 그 누구도 부
인할 수 없다. 예수 그리스도를 통하여 인류의 역사는 기원전과 기원
후, 즉 B.C.(Before Christ)와 A.D.(Anno Domini: in the year of our
Lord)로 나누어졌다. 그리고 그의 삶과 가르침은 지금까지 수많은 사람
에게 영향을 끼쳐왔고 그의 탄생 이후 2000년이 넘는 세월이 흘렀지만
여전히 그는 인류 역사상 가장 놀라운 인물로 우뚝 서 있다.

누군가 예수 그리스도에 관하여 다음과 같은 말을 하였다. 이 말을 한
사람은 누구일까?

"그리스도의 모든 것이 나를 놀라게 한다. 그의 정신적 능력에 나는 전율
하고, 그의 의지력에 나는 당황한다. 세상의 그 어떤 사람도 그리스도에

견줄 수 없다. 그는 진정 독보적인 존재다. 예수 그리스도와 유사한 인물을 찾기 위해, 혹은 복음에 필적할 만한 어떤 것을 찾기 위해 역사를 뒤진다면 헛수고에 불과할 뿐이다. 역사도 인류도 시대도 자연도 내게 그 사실을 설명하거나 비교할 만한 근거를 제공하지 못한다. 모든 것이 비범할 따름이다.”[78]

예수 그리스도에 대하여 이같이 놀라운 통찰력을 가지고 이야기를 한 사람은 바로 다름 아닌 나폴레옹이었다. 어니스트 르낭(Ernest Renan)은 예수 그리스도에 대하여 다음과 같이 말한다.

“예수는 이 지상에 살았던 사람들 가운데 최고의 종교적 천재다. 그의 아름다움은 영원하고, 그의 영토는 끝이 없다. 예수는 모든 면에 있어서 유일하신 분이다. 어떤 사람도 어떤 것도 그와 비견될 수 없다. 그리스도가 없이는 모든 역사는 이해가 불가능하다.[79]

이 때문에 어떤 사람들은 ‘역사’(History)는 바로 ‘그분의 이야기’(His story)라고 말한다. 인류의 역사가 바로 그 한 사람의 생애에 관한 이야기라는 것이다. 예수 그리스도, 그 한 분이 인류사에 끼친 놀라운 영향력을 그 누구도 부인할 수 없기 때문이다. 예수 그리스도의 이 같은 위대함은 심지어는 이교도들도 인정하는 것이다.

미국 타임스지가 세계에서 가장 위대한 선교사로 선정한 인도 선교사 스탠리 존스(E. Stanley Jones)는 어느 날 인도 남부의 한 대학에서 현대 역사를 가르치고 있는 어떤 힌두교인 교수로부터 다음과 같은 이야기를 들은 적이 있다.

"현대 역사를 공부해 보니 오늘날 세계에는 도덕적인 행동을 가늠하는 중심축(Moral Pivot)이 있음을 알게 되었습니다. 동서양을 막론하고 최상의 도덕적 삶은 그 축을 중심으로 돌고 있습니다. 그 축은 바로 예수 그리스도입니다."[80]

성경은 예수 그리스도가 인류를 구원하러 온 메시아라고 이야기한다. 원래 '예수'라는 말은 '구원자'라는 뜻이고, '그리스도'란 말의 의미는 '기름 부음을 받았다'라는 뜻으로 '메시아'라는 말을 헬라어로 옮긴 것이다. 당시 유대 사람 중에는 '예수'라는 이름을 가진 사람이 많이 있었다. 왜냐하면 그들은 로마 식민지로부터 해방을 받고 싶어서 자녀들에게 그런 이름을 많이 지어 주었기 때문이다. 그러나 '그리스도'라는 호칭을 가진 사람은 없었다. 왜냐하면 그리스도는 인류를 구원하러 올 메시아 한 사람에게만 붙여지는 호칭이었기 때문이다.

그런데 중요한 것은 2000년 전 유대의 목수였고 나사렛에서 탄생하여 십자가에서 죽으신 그 예수라는 분이 인류가 수천 년 동안 기다려 오던 바로 그 메시아, 즉 그리스도라는 것이 성경이 이야기하는 예수에 대한 이해다. 그렇다면 정말 그분이 성경이 말하는 대로 우리를 구원하러 오신 메시아이며 구세주인가 하는 것을 함께 살펴보도록 하자.

II. 예수 그리스도의 실재성

먼저 우리는 예수 그리스도가 실존 인물이었는가 하는 것을 생각해 볼 필요가 있다. 사람들은 이순신 장군이나 세종대왕이 실제로 존재했

던 인물이라는 것을 믿는 데는 조금의 어려움도 느끼지 않는다. 하지만 예수 그리스도의 실재성을 믿는 데는 어려움을 느낀다. 그러나 예수 그리스도가 결코 신화적인 존재가 아니고 실제로 존재했던 인물이라는 것에 대해서는 이순신 장군이나 세종대왕보다 훨씬 더 많은 증거가 있다.

사실 예수님이 탄생하신 것이 역사적으로 그렇게 오래된 일은 아니다. 예수님이 탄생하시던 때가 우리나라로 치면 신라, 백제, 고구려가 한참 나라를 형성하는 과정에서 세력 다툼을 하고 있을 때였다. 그때가 상당한 과거인 것은 틀림없으나 그렇다고 역사적인 기록을 찾을 수 없는 아주 오래된 옛날 이야기는 아닌 것이다. 그러므로 예수님이 실존 인물이 아니라고 말할 수 있는 근거는 그 어디에도 없다. 실제로 예수님이 실존하는 분이었다는 역사적 기록이 분명히 남아 있다.

먼저 예수님의 실존에 대하여서는 성경 자체의 증거가 있다. 신약성경 27권은 예수 그리스도에 대하여 분명히 증거하고 있다. 그리고 예수님에 대하여 기록된 성경의 내용들이 가짜라고 주장할 만한 근거는 어디에도 없다. 제임스 케네디 목사는 신약성경을 기록한 저자들을 신뢰할 수 있는 근거로 다음과 같은 주장을 했다.

"27권의 신약성경을 기록한 이 역사가들은 독특한 의미에서 우리가 믿을 만하다. 어떤 의미에서 그들은 역사상의 다른 역사가들과는 달리 준엄한 반대 심문을 거쳤다. 그들은 검, 횃불, 채찍, 뜨거운 인두, 잔혹한 십자가 등으로 반대 심문을 받았다. 그들은 다른 어떤 역사가들에게서도 유래를 찾아볼 수 없는, 전무후무한 고문을 당했다. 그들의 증언은 시험대를 통과했다. 이 사람들은 그런 신빙성의 시험을 거치지 않은 그 어떤 역사가보다도 더욱 우리의 신뢰를 받을만하다."[81]

특별히 예수 그리스도에 관한 기록은 그의 사후 30~40년 안에 모두 기록되었기 때문에 그에 관한 기록이 거짓으로 기록될 수가 없었다는 사실을 우리는 주목할 필요가 있다. 당시에는 예수 그리스도에 대하여 잘 알고 있는 반대자들이 여전히 살아 있었기 때문에 신약성경의 기록자들이 세밀한 사항에 있어서도 틀리는 말을 했다면 당장 자신의 모든 증언이 거짓으로 몰렸을 것이다. 여기에 대하여 성서 비평학과 주석학의 대가인 F. F. 브루스는 다음과 같이 말한다.

"복음서 기자들은 기록을 하는 데 있어서 그들과 친한 목격자들만 염두에 둔 것은 아니었다. 예수의 사역과 죽음에 대하여 잘 알고 있는 자들 가운데에도 예수에 대해서 호의적이지 않았던 사람들이 매우 많이 있었다. 그러므로 제자들이 예수에 대하여 기록할 때에 부정확한 사실을 기록할 수 없었다. 그들을 반대하는 많은 사람이 눈을 부릅뜨고 있었기 때문이다.

예수에 대한 기록에서 부정확한 사실을 발견하게 되면 반대자들이 당장 거짓이라고 고발할 경우에 그들이 전하는 진리는 그냥 무너지고 말 것이다…. 그래서 그들은 더더욱 정확하게 기록할 수밖에 없었다."[82]

예수 그리스도에 대하여서는 성경 외적인 기록도 남아 있다. 로마 시대의 사마리아인 역사가였던 탈루스(Thallus)는 주후 52년경에 예수님의 십자가 처형에 관해 글을 남기면서 당시 예수가 죽을 때 해가 어두워지고 어둠이 닥쳤다고 하는 기록을 남겼다.[83] 성경에서 예수님의 죽음에 관해 묘사한 장면과 너무나 흡사하다.

수리아의 마라 바 세라피온(Mara bar Serapion)이라는 사람도 1세기에 남긴 서신에서 예수 그리스도를 죽임으로 유대인들이 얻은 유익이 무엇이냐고 반문하고 있다. 유대인의 왕이었던 그를 죽임으로 예루살렘이 멸망하고 백성들이 뿔뿔이 흩어진 것 외에 무슨 도움이 되었느냐고 주장한다. 여기서 그가 한 주장들은 의미심장하다. 그는 예수 그리스도를 실존 인물로 인정했을 뿐만 아니라 그가 죽임을 당한 사건을 사실로 묘사하고 있는 것이다. 특별히 그가 예수 그리스도를 '유대인의 왕'이라고 묘사했다는 사실은 그가 그리스도인이 아니었다는 사실을 생각할 때 놀라운 것이다. 지금 그의 서신은 대영 박물관에 보관되어 있다.[84]

예수 그리스도의 죽음에 대한 유대 역사가의 기록도 있다. 플라비우스 요세푸스(Flavius Josephus)는 가장 명성 높은 유대인 역사가다. 그리스도의 사망 직후인 주후 37년에 태어난 그는 유대인의 역사와 전쟁에 대하여 기록했다. 그는 『유대 고대사』 18권 3장 3항에서 다음과 같이 기록하고 있다.

"이 시기 즈음에 예수가 살았다. 그는 놀라운 일들을 행한 지혜로운 사람이었고, (그를 사람이라고 칭하는 것이 적절하다면) 기쁨으로 진리를 받아들인 사람들의 스승이었다. 그는 그리스도였다. 원칙론자들의 말에 따라 빌라도가 그를 십자가형에 처했을 때 처음에 그를 사랑하던 사람들은 그를 버리지 않았다. 그가 사흘째 되던 날 다시 살아나 그들 앞에 나타났기 때문이다. 거룩한 선지자들은 이 일을 비롯하여 그에 관한 많은 놀라운 일들을 예언한 바 있다. 그의 이름을 따라 그리스도인이라 불리운 이 무리들은 오늘날까지도 소멸되지 않고 있다."[85]

존 스튜어트 밀은 이런 이야기를 했다.

"복음서에 나와 있는 예수는 비역사적이라고 말해봐야 아무 소용없다. 그의 제자들 중에 누가, 혹은 개종자들 중에 누가 예수가 행한 것으로 되어 있는 그 말씀들을 만들어 낼 능력이 있겠으며, 복음서에 나와 있는 그분의 삶과 성품을 상상해 낼 능력이 있겠는가? 분명히 갈릴리의 어부들은 아닐 것이다. 초기의 그리스도인 작가들은 더더욱 아닐 것이다."[86]

그렇다. 예수 그리스도의 말과 삶과 행동은 너무나 독특하기에 그 어떤 사람도 흉내낼 수 없다. 이쯤에서 우리는 데오도르 파커의 이야기를 경청할 필요가 있다.

"뉴턴 같은 사람을 만들어 내기 위해서는 뉴턴 같은 사람이 필요하다. 어떤 사람이 예수 같은 사람을 꾸며낼 수 있겠는가? 예수 같은 사람 이외에는 없다."[87]

III. 예수 그리스도의 독특성

성경은 예수 그리스도가 비록 인간의 몸을 입고 태어났으나 사실은 성육신한 하나님이라고 이야기한다. 그래서 그분은 죄가 하나도 없는 분이시고 그로 인하여 우리를 대신하여 십자가에서 죽을 수 있었다고 이야기한다. 다음의 성경 구절을 보라.

"태초에 말씀이 계시니라 이 말씀이 하나님과 함께 계셨으니 이 말씀은 곧 하나님이시니라"(요한복음 1:1).

"말씀이 육신이 되어 우리 가운데 거하시매 우리가 그의 영광을 보니 아버지의 독생자의 영광이요 은혜와 진리가 충만하더라"(요한복음 1:14).

"우리에게 있는 대제사장은 우리의 연약함을 동정하지 못하실 이가 아니요 모든 일에 우리와 똑같이 시험을 받으신 이로되 죄는 없으시니라"(히브리서 4:15).

"그리스도께서 우리를 위하여 저주를 받은 바 되사 율법의 저주에서 우리를 속량하셨으니 기록된 바 나무에 달린 자마다 저주 아래에 있는 자라 하였음이라"(갈라디아서 3:13).

그렇다면 과연 예수 그리스도가 하나님이 보내신 하나님의 아들이요, 우리를 구원하실 메시아인 것을 우리는 어떻게 확신할 수 있는가? 예수 그리스도는 다음과 같은 점에서 인류의 그 어떤 위대한 스승과도 구분되는 독특성(uniqueness)을 지니고 있다.

1. 그의 탄생이 독특하였다.

그는 이 세상에서 유일하게 남자를 거치지 않고 동정녀인 마리아의 몸에 성령으로 잉태되어 태어나셨다. 그로 인하여 그분은 이 세상의 모든 인류와 구별되었으며 철저히 인간인 동시에 철저히 하나님이실 수 있었다. 그는 남자를 통하지 않고 성령으로 태어나셨기에 모든 인간이 가지고 있는 죄의 문제를 가지지 아니하셨고 그로 인하여 인류의 죄를 대신 담당하실 수 있었다.

또한 그의 탄생과 그의 전 일생은 철저히 성경의 예언을 그대로 이루는 것이었다. 이슬람교에서는 마호메트가 탄생하기 수백 년 전에 그가 탄생할 것을 예언한 어떠한 글귀도 찾아볼 수 없다. 그 외에 어떠한 신흥 종교의 창시자들도 그들이 나타날 것을 명확하게 예언하고 있는 고대의 문서를 정확하게 골라내지 못한다.

그러나 예수님의 경우 구약성경에 나오는 메시아에 관한 300개가 넘는 예언을 그의 삶을 통하여 이루었고, 그중 29개의 중요한 예언들은 그가 돌아가시던 그날 하루 만에 이루어졌다. 이것은 그가 성경의 예언대로 오신 메시아라는 사실을 강력히 증명해 주는 것이다.

2. 그의 인격이 독특하였다.

그의 인격은 참으로 독특하였다. 지금도 기독교를 싫어하는 사람은 많아도 예수를 싫어하는 사람은 없다. 그는 당시 위선적인 종교 지도자들에게는 정면으로 도전하였으나 소외되고 외로운 자들에게는 사랑이 넘치는 친구가 되어 주셨다. 그의 가르침은 단순하면서도 깊이가 있었고, 그의 가르침에는 보통 사람에게서 찾아볼 수 없는 권위(authority)가 있었다. 당시 랍비들이 주로 하는 일은 이미 주어진 하나님의 말씀을 풀어 설명하는 것이었다. 그러나 예수께서는 "율법(구약)에서는 이렇게 하라고 했으나 나는 너희에게 이르노니…" 라고 하며 기존의 하나님의 말씀을 뛰어넘는 말씀을 거침없이 전하셨다.

그뿐 아니라 그를 순수하게 대면한 사람은 그의 인격에 모두 강력한 영향을 받았다. 그는 거친 어부 베드로를 "나를 따르라!"는 한 마디로 평생토록 그를 좇게 만들었다. 그는 피도 눈물도 없었던 세리 삭개오를 "삭개오야!"라고 부르는 한마디로 완전히 인생이 변하게 만드셨다. 그뿐 아니라 남편을 다섯 번이나 바꾸며 허무하게 살던 우물가 여인의 삶에 진정한 소망을 불어넣었고, 일곱 귀신이 들렸던 막달라 마리아를 가장 정결하고 위대한 여성으로 변화시켰다(그녀는 부활한 주님을 최초로 목격한 여인으로 성경에 기록되었다).

그는 지금도 똑같이 역사하신다. 어떤 위대한 정치가나 사업가라도, 또 어떤 흉악하고 극악무도한 죄인이라도 그와 인격적으로 깊이 만난 사람은 변화되지 아니한 사람이 없었다. 예일대학교의 역사가 필립 샤프(Philip Schaff)는 이렇게 증언하였다.

> "그리스도의 인격은 나에게 모든 사실들 중에서 가장 위대하고 가장 분명한 사실이다. 내가 이렇게 존재하고 있는 것만큼 확실하다. 아니, 나는 내가 이렇게 존재하고 있는 것보다 그리스도의 존재를 더 확신한다."[88]

3. 그의 주장이 독특하였다.

일반적으로 볼 때 종교는 죄를 닦고 씻기 위해서 생겼기에 사람은 하나님께 나아갈수록 죄의식이 강해지고 참회가 깊어지는 것이 정상이다. 그러나 예수 그리스도는 죄의식에서 완전히 자유로웠다. 성경은 그가 시험을 받은 적은 있으나 죄를 범한 적은 없었다고 이야기한다(히 4:15).[89]

예수 그리스도가 하신 말을 가만히 살펴보면 그는 한 번도 자기 말을 취소, 수정, 가감, 후회, 사과하거나 회의 등의 태도를 취한 일이 없다. 미안하거나 잘못했다고 한 일도 없으며 단 한 번도 죄 문제로 고민하신 적이 없었다. 또한 그는 말씀을 하실 때 "아마 그럴 것이다." 혹은 "그렇게 생각한다" 등 애매한 말을 한 번도 하신 적이 없다.[90] 예수 그리스도는 신적 권위를 가지고 하나님처럼 말씀하시고, 하나님처럼 행하셨다. 다음은 예수님이 하신 말씀이다.

> "나는 세상의 빛이니"(요한복음 8:12).
>
> "수고하고 무거운 짐 진 자들아 다 내게로 오라"(마태복음 11:28).
>
> "내 이름으로 무엇을 구하든지 내가 행하리니"(요한복음 14:13).
>
> "나는 포도나무요 너희는 가지라"(요한복음 15:5).

"나는 선한 목자라"(요한복음 10:11).

"나는 부활이요 생명이니"(요한복음 11:25).

"네 죄 사함을 받았느니라"(누가복음 7:48).

여기서 예수께서 하신 말씀 가운데 죄 사함에 관한 말씀 한 가지만 생각해 보자. 우리는 누군가가 우리에게 잘못한 죄를 용서해 줄 수는 있다. 그러나 그가 다른 사람에게 저지른 잘못이나 하나님께 저지른 잘못을 용서해 줄 수 있는 권한은 나에게 없다. 이것은 오로지 하나님만이 하실 수 있는 일이다. 그런데 예수 그리스도는 그렇게 하셨다. 루이스 차퍼(Lewis Chafer) 교수는 여기에 대하여 다음과 같이 말한다.

"이 세상에서는 누구도 죄를 용서할 권리나 권위를 갖지 못한다. 하나님을 향해서 짓는 죄를 자기 마음대로 용서할 수 없다. 그리스도가 죄를 용서한 것은 인간의 특권에 속한 것이 아니다. 죄 용서는 누구의 특권에 속하지 않는다. 하나님만이 죄 용서의 특권이 있을 뿐이다. 따라서 그리스도가 죄를 용서하신다는 것은 그분이 곧 하나님이시라는 말이다."[91]

예수님이 하셨던 여러 주장과 지금까지 알려진 이 세상의 위대한 위인이나 성자들이 한 말을 비교해 보면 놀라운 차이가 있다는 것을 알 수 있다.[92]

1) 소크라테스: "나는 무지를 안다. 즉 모른다는 사실을 안다."

2) 마호메트: "나는 죄를 씻기 위해 무릎이 닳도록 기도했다."

3) 공자: "아침에 도를 깨달으면 저녁에 죽어도 한이 없겠다."

4) 석가: "너의 구원을 너희가 힘써 성취하라."

5) 간디: “오, 나는 괴롭다. 무엇을 어떻게 말할지 모르겠다.”

　　　　(그가 죽기 2주일 전 자서전에 기록한 글)

6) 괴테: “빛이 그립다. 문을 열어다오.” (임종 시에 한 말)

7) 처칠: “지루하다, 권태롭다.”

여기 나오는 여러 주장 중에 공자가 한 말과 예수님이 하신 말씀을 비교해 보자. 공자는 “아침에 도를 깨달으면 저녁에 죽어도 한이 없겠다(朝聞道 夕死可矣)”라고 말했다. 이것은 자신이 아직까지 도를 발견하지 못했다는 것을 솔직하게 인정하는 이야기다. 그런데 예수님은 다음과 같이 말씀하셨다.

“예수께서 이르시되 내가 곧 길이요 진리요 생명이니 나로 말미암지 않고는 아버지께로 올 자가 없느니라”(요한복음 14:6).

여기서 길이 무엇인가? 길은 한자로는 길을 뜻하는 ‘도’(道) 자로서 공자가 깨닫고자 한 도를 가리킨다. 그런데 예수님은 도를 깨달았다는 정도로 이야기하시는 것이 아니고 자신이 ‘도’(道) 자체요, ‘진리’ 자체요, ‘생명’ 그 자체라고 주장하시는 것이다. 이 얼마나 대단한 주장인가?

사실 예수께서 자신이 ‘길과 진리와 생명’이라고 하신 것은 모두 다 같은 개념인데 그것을 강조하기 위해서 세 번 다르게 표현하신 것에 불과하다. 이 세 가지는 모두 사물의 근원에 관한 내용이다.

‘길’이란 종교인들이 사물의 근원을 찾는 방법이다. 길이 무엇인가? 조금 전에 이야기했듯이 길이 바로 ‘도’(道)이다. 그래서 도사들이 도를 닦는 것이 사실은 길을 찾는 것이다. 인간이 영원히 살 수 있는 길을 찾는 것이 바로 도를 닦는 것이다. 그런데 예수님은 자신이 도를 깨달았다고 이야기하는 것이 아니고 자신이 '도'(道) 자체라고 이야기하시는 것이다.

두 번째로 '진리'에 대하여 생각해 보자. 진리는 철학자들의 입장에서 사물의 근원을 찾는 것이다. 진리란 무엇인가? '참된 이치'란 말이 바로 진리다. 이같이 진리를 통해 인간 존재의 근본 원리나 이치를 찾고자 하는 것이 바로 철학이다. 철학자들은 어떻게든지 진리를 발견하여 인생의 근본 문제를 해결하고자 노력한다. 그런데 예수님은 자신이 진리라고 이야기하신다. 진리를 깨달은 정도가 아니라 아예 자신이 진리라고 이야기하시는 것이다.

마지막으로 '생명'에 대하여 생각해 보자. 생명은 과학자들의 입장에서 사물의 근원을 찾는 것이다. 오늘날 유전 공학이 아무리 발달해도 실험실에서 조그마한 풀 한 포기조차 만들어 내지 못한다. 왜냐하면 생명은 오직 하나님께 달려 있기 때문이다. 그런데 예수님은 자신이 생명이라고 이야기하신다. 이 말씀은 모든 생명의 근원이 예수 그리스도 안에 있다는 것을 의미한다. 성경은 예수 그리스도를 통하여 모든 만물이 지어졌다고 이야기한다. 이같이 자신이 '길이요 진리요 생명'이라고 하는 예수님의 주장은 참으로 놀라운 주장이 아닐 수 없다.

4. 그의 기적이 독특하였다.

그의 삶은 기적으로 가득 차 있다. 탄생부터 죽음 이후의 부활까지 예수 그리스도의 삶은 기적을 빼고 이야기할 수가 없다. 예수님은 보리떡 다섯 개와 물고기 두 마리로 5천 명을 먹이기도 하였으며, 물 위를 걷기도 하셨고, 죽은 지 나흘이나 된 나사로를 살려내시기도 하셨다. 그가 행한 이러한 기적들은 그가 하나님께로부터 온 분이신 것을 보여준다.

이에 비해 마호메트는 단 한 번도 기적을 행한 적이 없다. 코란에는 기적에 관한 내용이 전혀 나오지 않는다. 코란에는 오히려 불신자들이 그에게 기적을 행해 보라고 도전하자 그가 거부했다는 기사가 실려 있다.[93] 예수 그리스도와 달리 마호메트가 한 사역에는 기적의 징표가 없다. 그가 죽은 지 150년에서 200년이 지난 후에야 그의 제자들이 그가 기적을 일으켰다고 주장하는 책을 쓰기 시작했다.

반면에 예수님의 삶은 온통 기적투성이이다. 예수께서 오시고 난 뒤 옥에 갇히게 된 세례 요한은 예수께서 메시아인 것을 확인하기 위하여 그의 제자들을 보냈다. 그러면서 그가 메시아인지 아니면 자신들이 또 다른 사람을 기다려야 하는지 예수님께 물어보았다. 그때 예수님은 다음과 같은 말로 그들의 질문에 답변하셨다.

"예수께서 대답하여 이르시되 너희가 가서 듣고 보는 것을 요한에게 알리되 맹인이 보며 못 걷는 사람이 걸으며 나병환자가 깨끗함을 받으며 못 듣는 자가 들으며 죽은 자가 살아나며 가난한 자에게 복음이 전파된다 하라 누구든지 나로 말미암아 실족하지 아니하는 자는 복이 있도다 하시니라"(마태복음 11:4-6).

한마디로 말해서 예수 그리스도가 행하는 기적이 그의 메시아 됨의 강력한 증거라는 것이다. 예수 그리스도를 통한 기적은 과거 2000년 전에 있었던 것으로 끝나지 않는다. 지금도 전 세계적으로 수없이 많은 기적이 예수님의 이름으로 일어나고 있다. 그 이유는 그분이 바로 살아 계신 하나님이시기 때문이다.

5. 그의 죽음이 독특하였다.

또한 우리가 생각할 것은 그의 죽음이 독특하였다는 것이다. 그의 죽음은 보통 사람하고는 달랐다. 성경은 예수님이 우리를 살리시기 위하여 십자가 위에서 돌아가셨다고 이야기한다. 즉 예수 그리스도의 십자가의 죽음은 자신의 죄로 인한 죽음이 아니고 우리를 살리기 위한 대속의 죽음이라는 것이다. 성경에 보면 예수님께서 자신이 이 땅에 왜 오셨는가를 이야기하시는 부분이 있다.

"인자가 온 것은 섬김을 받으려 함이 아니라 도리어 섬기려 하고 자기 목숨을 많은 사람의 대속물로 주려 함이니라"(마가복음 10:45).

예수께서는 자신이 다른 사람을 위하여 '대속물'로 죽어주기 위하여 오셨다고 분명히 이야기하셨다. 이 세상의 모든 인간은 살기 위해 태어나는데 예수 그리스도는 죽기 위해 태어나신 것이다. 이같이 예수께서 우리의 죄를 대신하여 죗값을 치러 주셨기에 이제 우리는 예수 그리스도를 믿으면 죄 문제가 해결되고 구원을 받을 수 있게 되었다.

IV. 무시할 수 없는 예수의 주장

오늘날 사람들은 예수 그리스도에 대하여 객관적으로 자세히 조사해 보지도 않고 그를 그저 위대한 스승이나 훌륭한 도덕 교사 혹은 기껏해야 전통을 깨트린 혁명가 정도로 생각한다. 그러나 그렇게 보기에는 예수님의 행동이나 주장에는 이해하지 못할 부분이 너무나 많다. 그분은 오로지 하나님만이 하실 수 있는 주장을 하셨고, 하나님만이 하실 수 있는 기적을 베푸셨다. 그리고 자신이 하나님이심을 주장하셨다.

그러나 사람들은 이러한 부분을 무시한다. 그들은 그저 자신이 가지고 있는 몇 가지 편견과 선입관에 근거해서 예수를 단순한 종교 지도자 정도로 생각한다. 그러나 예수님이 어떤 분이신지를 자세히 검토해 보면 절대로 예수님을 그렇게 취급할 수가 없다. 예수님은 우리가 그분을 어중간하게 훌륭한 분으로 인정할 여지를 전혀 남겨놓지 않으셨다. 탁월한 기독교 변증가인 C. S. 루이스는 다음과 같은 말을 했다.

"단지 인간일 뿐이면서 예수가 말했던 것 같은 그런 종류의 말을 하는 사람은 윤리적으로 위대한 스승이 될 수가 없다. 그는 스스로를 찐 달걀이라고 말하는 사람과 같은 수준의 미치광이거나 아니면 지옥의 악마일 것이다. 여러분은 선택을 해야 한다. 그는 하나님의 아들이었고 현재도 아들이다. 아니면 그는 미친 사람이거나 혹은 더 나쁜 어떤 것이었다. 여러분은 그를 바보 취급할 수도 있고 아니면 그를 마귀로 몰아 그에게 침을 뱉고 죽일 수도 있다. 혹은 그의 발아래 엎드려 그를 주 하나님이라고 부를 수도 있다. 그러나 그분은 위대한 인간의 교사라고 말하는 건방지고 허튼 소리는 하지 말아야 한다. 그분은 우리가 그런 말을 하도록 버려두지 아니하셨으며 그런 의도를 지니신 적도 없다."[94]

한 가지 확실한 것은 예수님은 우리가 그를 하나의 도덕적인 스승으로 대하기를 원하지 않는다는 사실이다. 우리는 그분을 사기꾼이나 정신병자로 대하든지 아니면 그분을 하나님으로 인정하고 경배하든지 둘 중 하나를 선택해야 한다. 예수님은 어중간한 선택을 허락하지 아니하셨다. 예수께서 하신 다음과 같은 주장을 보라. 이런 말을 하는 사람이

어떻게 훌륭한 도덕 선생으로 여겨질 수 있겠는가? 예수는 다음과 같이 자기 자신을 지칭했다.[95]

1. 죄를 사하시는 분(마태복음 9:1-8)
2. 세상을 심판하시는 분(요한복음 5:26-27)
3. 영생을 주시는 분(요한복음 3:16)
4. 죄 없으신 분(요한복음 8:46)
5. 믿음의 대상이 되시는 분(요한복음 8:24)
6. 기도에 응답하시는 분(요한복음 14:13)
7. 경배받으시기에 합당하신 분(마태복음 14:33)
8. 길이요 진리요 생명이신 분(요한복음 14:6)
9. 하늘과 땅의 모든 권세를 가지신 분(마태복음 28:18)
10. 하나님과 본질상 하나이신 분(요한복음 10:30)

이것은 결국 예수 그리스도는 자신이 하나님이시라는 것을 주장한 것이다. 그렇다면 우리는 다음 중 하나의 가능성 있는 결론에 도달하게 된다.

1. 예수는 자신이 하나님이라고 선언했으나 본인은 사실 그렇지 않다는 것을 알고 있었다. ☞그렇다면 그는 사기꾼이었다(Bad).
2. 예수는 자신을 하나님이라고 생각했지만 사실은 그것은 그의 착각이었다. ☞그렇다면 그는 미치광이요 과대망상증 환자였다(Mad).
3. 예수는 정말로 하나님이었기 때문에 자신을 하나님이라고 선언했다. ☞그렇다면 그는 주님이시다(God).[96]

여러분은 예수 그리스도가 스스로 자신을 하나님이라고 주장하는 것을 어떻게 받아들일 것인가? 그를 사기꾼으로 생각해야 하는가? 아니면 미친 사람 취급해야 할 것인가? 그것도 아니면 그분은 정말 하나님이셨는가? 여기에 대하여 구체적으로 다시 생각해 보자.

1. 그는 사기꾼인가?

만일 예수께서 자신이 하나님이 아니라는 사실을 알고도 하나님이라고 주장했다면 그는 분명 사기꾼이다. 남에게는 세상의 빛처럼, 소금처럼 어떠한 희생을 하더라도 정직하게 살라고 가르치면서 자기는 정작 남을 기만하고 있었다면 그는 분명 위선자 중의 위선자일 것이다. 그렇다면 지금까지 전 인류는 그의 사기에 현혹되어 있다는 말인데 그것은 말이 안 되는 일이다. 다음은 영국의 탁월한 역사학자인 윌리엄 렉키(William Lecky)가 말한 내용이다.

"기독교가 이 세계에서 이상적인 인격의 모습을 선사한 것은 분명하게 알 수 있는 일이다. 이런 인격의 모습은 18세기가 흐르는 동안 모든 것들이 변화를 거듭하는 가운데서도 지극한 사랑을 받으면서 사람들의 마음을 감동시켜 왔다. 이런 인격은 모든 시대와 모든 국가와 환경, 그리고 어떤 상황에서도 실천이 가능한 인격이다. 기독교는 최고의 인격이 지니는 덕목만이 아니라 그 덕목을 실천하는 강한 동기를 부여했다. 예수의 단 3년 간의 생애는 인류를 새롭게 하고 사람들의 마음을 부드럽게 함에 있어서 전 인류의 도덕가들의 노력과 전 인류의 철학가들의 탐구를 다 합한 것보다 더 큰 것을 성취했다. 예수가 종교 사기꾼이라면, 인류의 거룩한 것은 모두 사기 사건이라는 결론이 타당할 것이다."[97]

역사가 필립 샤프는 예수가 사기꾼이라는 주장에 대하여 다음과 같이 단호히 말한다.

"논리와 상식과 경험을 토대로 해서도, 도대체 어떻게 그런 사기꾼이 처음부터 마지막까지 그토록 일관성 있는 인물을 자신이 스스로 만들어 낼 수 있는가? 그는 역사에서 가장 맑고 고귀한 인격을 지니고 있으며 또한 진리와 현실에서도 온전한 인물이었다. 그가 사기꾼이라면 자신을 이렇게까지는 꾸며낼 수는 없는 노릇이다. 이기적이고 속임수에 능하고 타락한 인물인 그런 사기꾼은 예수라는 인격을 창안해 낼 수 없다."[98]

우리가 알다시피 지금까지의 서양 문화와 문명은 예수 그리스도의 말과 행동을 도덕적인 근간으로 삼아서 발전해 왔다. 그러므로 만약 예수 그리스도가 사기꾼이었다면 그의 가르침에 근거하여 이같이 찬란한 인류의 문명을 꽃피울 수 있었다는 것은 애초에 불가능한 일이었을 것이다.

2. 그는 미친 사람인가?

그가 자신이 정말 하나님의 아들이 아닌데 그 사실을 모르고 자신을 하나님의 아들로 착각했다면 그는 미친 사람이요 과대망상증 환자다. 그러나 예수 그리스도를 정신 이상자로 볼 수 없는 이유는 그가 만약 정신이 온전치 않은 사람이어서 그런 주장을 했더라면 어떻게 예수 그리스도가 지난 2000년간 세계에서 가장 위대한 성인 중의 한 명으로 인정받을 수 있었겠는가 하는 것을 생각하지 않을 수 없다.

지금까지 예수 그리스도를 통하여 변화 받은 사람은 수없이 많다. 그런데 그가 만약 정신병자였다면 어떻게 술주정뱅이를 온전하게 하고 깨어진 가정을 회복시키며 절망에 빠져 죽어가는 사람에게 새 소망을 줄 수 있었겠는가? 그러므로 그를 절대 정신이 이상한 사람으로 취급할 수가 없는 것이다. 필립 샤프는 다음과 같이 말한다.

"예수의 도덕적인 순수함과 위엄은 그의 일상적인 말과 행위에서도 드러나고 있으며, 인류의 보편적인 승인을 얻고 있다. 그분 앞에서 위선자들은 한 순간도 서 있을 수 없다. 예수의 지성은 너무나 맑고 정당하기 때문에, 예수 자신에 대한 주장에서 자기기만이란 있을 수 없는 것이다. 그는 마음의 평형을 잃어본 적이 없다. 그는 모든 핍박과 아픔을 넘어서는 구름 위에서 찬란하게 빛나는 태양과 같다. 그는 적들이 제기하는 시험 앞에서도 언제나 현명한 대답을 주셨다. 그는 신중하게 그에게 부여된 십자가를 지셨고, 사흘 만에 부활하셨다. 그리고 성령의 강림과 교회의 시작, 예루살렘의 멸망을 예고하시고, 이 예언은 문자 그대로 이루어졌는데, 도대체 어떻게 예수가 광기 어린 미친 자일 수가 있으며, 광신자가 될 수 있겠는가?"[99]

예수 그리스도의 말과 삶과 행동에는 불일치가 전혀 없었고 미친 사람에게서 볼 수 있는 심리적 불안정성은 전혀 나타나지 않았다. 오히려 예수 그리스도는 엄청난 압력과 스트레스를 받는 상황에서도 놀라울 정도의 침착성을 유지했다. 그는 십자가 앞에서도 태연했고, 빌라도의 법정에서도 완전한 평강을 유지했다. 그런 그가 어떻게 미친 사람일 수가 있는가?

3. 그는 정말 하나님인가?

윌리엄 J. 브리안은 예수 그리스도의 비범함에 대하여 이런 통찰력 있는 말을 했다.

"목수의 집에서 자라나, 고대의 지혜에 대한 접촉도 없었고, 다른 나라에서 온 현자들과의 만남도 없었던 단지 삼십 세의 젊은이가 지금까지 전 세계가 한 번도 경험하지 못한 도덕의 규범을 제시할 수 있었다는 사실은 놀라운 이야기다."[100]

우리가 알아야 할 사실은 이것은 그가 하나님이셨기에 가능한 일이었다는 것이다. 예수 그리스도는 오로지 하나님만이 하실 수 있는 주장과 행동을 하셨다. 그는 부활 후 자신을 경배하는 도마에게 경배를 받으셨다. 바울도 베드로도 그 누구도 사람의 경배를 받지 않았다. 그러나 예수 그리스도는 도마가 자신을 "나의 주님, 나의 하나님"이라고 할 때 그것을 금하지 아니하시고 오히려 "너는 나를 본 고로 믿느냐 보지 못하고 믿는 자들은 복되도다"(요 20:29)라고 하시면서 자신이 믿음의 대상임을 분명히 하셨다.

그는 십자가에 못 박히기 전 대제사장에게 심문을 받으실 때도 자신이 하나님이심을 분명히 하셨다. 마가복음 14장 61절에 보면 대제사장이 예수에게 "네가 찬송 받을 이의 아들 그리스도냐"라고 물어본다. 이것은 그가 하나님의 아들이요 메시아인 것을 물어본 것이다. 이때 예수님이 무엇이라고 대답하셨는가?

"예수께서 이르시되 내가 그니라 인자가 권능자의 우편에 앉은 것과 하늘 구름을 타고 오는 것을 너희가 보리라 하시니 대제사장이 자기 옷을 찢으며 이르되 우리가 어찌 더 증인을 요구하리요 그 신성 모독하는 말을 너희가 들었도다 너희는 어떻게 생각하느냐 하니 그들이 다 예수를 사형에 해당한 자로 정죄하고"(마가복음 14:62-64).

예수께서는 자신이 앞으로 하나님 우편에 앉게 될 것이며 구름을 타고 다시 올 것임을 이야기하셨다. 이 말을 들은 대제사장은 옷을 찢고 예수를 사형시켜야 한다고 주장했다. 이것은 예수가 자신이 하나님이신 것을 주장했기 때문이다.

제임스 케네디 목사는 예수 그리스도의 신성에 관하여 언급하면서 그의 설교에 관하여 이렇게 이야기했다.

"예수님은 항상 자기 자신에 관하여 설교하셨다. 예수 그리스도는 다른 어떤 설교자나 다른 어떤 종교의 창시자도 하지 않은 일을 하셨다. 즉 그분은 자기의 종교를 자신 위에 세우셨던 것이다. 그는 말하기를 '내가 곧 길이요 진리요 생명이니'(요 14:6)라고 말씀하셨다. 예수님은 계속적으로 자기 자신에 대하여 설교하셨다. 그가 그렇게 한 것은 교만의 극치요

극도의 신성모독이었다. — 만일 그가 하나님이 아니었다면 말이다. 그러나 그분은 하나님이셨기 때문에, 그분 자신에 대한 메시지보다 더 위대한 메시지는 있을 수 없었다."[101]

그렇다. 복음서를 읽어보면 예수님의 손가락은 항상 자신을 가리키고 있는 것을 볼 수 있다. 여러분은 과연 이러한 주장을 하는 예수를 어떻게 대할 것인가? 그를 여전히 사기꾼이요 미치광이로 취급하고 멀리할 것인가 아니면 그를 구세주요 하나님으로 인정하고 받아들일 것인가? 그것은 여러분의 선택에 달려 있다.

V. 예수 그리스도와 인간의 운명

예수 그리스도에 관한 다음의 주장에 대해 어떻게 생각하는가?

"인간의 삶에서 우리 운명을 통째로 걸어야 하는 만남과 그런 사람이 있을 수 있을까? 예수는 그분 자신이야말로 우리의 운명을 걸어야 하는 분이라고 말씀하시며, 그분과의 만남이 바로 그렇다고 주장하신다. 인류사를 통틀어서도 일찍이 자신을 그렇게 말한 사람은 없었다. 예수의 주장과 예수의 가르침은 그냥 지나치기에는 너무나 거대하며, 너무나 치밀하며, 너무나 매혹적이다. 우리가 어느 정도의 시간을 투자하면 우리는 누구라도 예수를 거부하기 힘들게 된다. … 우리가 어떤 상황에 있건, 예수는 우리의 운명이 되어야 한다는 그분의 주장을 그냥 쉽게 지나칠 수 없다. 그와 함께 가느냐? 그를 버리고 가느냐? 이 물음은 우리의 영원을 결정한다."[102]

존 W. 몽고메리도 다음과 같이 주장했다.

"우리는 역사적 기록들에 나와 있는 예수를 싫어할 수도 있다. 그러나 그를 싫어하든 아니든, 우리는 거기서 우리 개인의 운명을 손에 쥐고 있는 신적인 분으로 그를 만나게 된다."[103]

인류 역사는 예수 그리스도의 탄생을 기점으로 기원전(B.C.)과 기원후(A.D.)로 나누어졌다. 예수의 탄생이 인류의 역사를 둘로 나누었다면 예수의 죽음은 인류의 운명을 둘로 나누었다.

예수가 십자가에 못 박힐 때 두 강도가 있었다. 하나는 예수를 욕하고 무시했고, 하나는 예수를 인정하고 받아들였다. 그 둘의 운명은 확연히 달라졌고 그들처럼 우리 인류의 운명도 예수 그리스도를 어떻게 대하느냐에 따라 둘로 나누어진다. 예수 그리스도를 받아들이는 사람은 죄 용서함을 받고 영생을 얻게 되고 끝까지 예수 그리스도를 부인하고 무시하는 사람은 영원한 멸망으로 떨어지게 된다.

VI. 예수 그리스도를 영접하라

기독교는 'religion'(종교)이 아니고 'relationship'(관계)이다. 기독교는 종교 행위가 아니고 하나님과의 관계이고, 이 하나님과의 관계는 오로지 예수 그리스도를 통하여 이루어질 수 있다. 성경은, 구원은 우리가 노력해서 얻는 것이 아니고 예수 그리스도를 통하여 받게 되는 선물이라고 이야기한다.

"너희는 그 은혜에 의하여 믿음으로 말미암아 구원을 받았으니 이것은 너희에게서 난 것이 아니요 하나님의 선물이라"(에베소서 2:8).

사실 가만히 보면 이 세상에서 가장 귀중한 것들은 모두 선물로 받는다. 우리의 생명도 하나님께로부터 거저 받은 선물이다. 저 하늘의 빛나는 태양이나 공기나 물 모두 하나님이 주신 선물이다. 값으로 따질 수 없기에 하나님께서 거저 주시는 것이다. 구원도 마찬가지다. 우리의 구원을 위해서 하나님의 아들이 죽으셨다. 그것은 값으로 도저히 따질 수 없기에 하나님께서 우리에게 구원을 선물로 거저 주신 것이다.

그렇다면 만약 오늘 이 시간 하나님께서 예수 그리스도를 통하여 주어진 이 놀라운 구원의 선물을 받기를 원하느냐고 물어보신다면 여러분은 무엇이라고 대답할 것인가? 당연히 받아야 할 것이다. 왜냐하면 그것은 이 세상에서 가장 귀중한 선물이기 때문이다. 구원의 선물을 받아들인다는 것은 곧 예수 그리스도를 내 마음에 모신다는 것이다. 성경 요한계시록 3장 20절에 보면 이런 말씀이 있다.

"볼지어다 내가 문 밖에 서서 두드리노니 누구든지 내 음성을 듣고 문을 열면 내가 그에게로 들어가 그와 더불어 먹고 그는 나와 더불어 먹으리라"(요한계시록 3:20).

예수님은 인격적인 분이기에 강제로 우리 마음 문을 열고 들어오시지는 않는다. 그러나 우리가 그분을 환영하고 초청하면 그분은 우리 마음에 들어오셔서 우리를 구원하여 주시고 우리의 남은 인생에 동행해 주실 것이다. 그렇다면 우리는 예수님을 어떻게 영접할 수 있을까? 우리는 다음과 같은 기도를 통하여 예수님을 영접할 수 있다.

"주 예수님, 저는 지금 주님을 믿고 싶습니다. 십자가에서 죽으심으로 저의 죗값을 담당하여 주시니 감사합니다. 지금 저는 제 마음의 문을 열고 예수님을 저의 구주, 저의 하나님으로 영접합니다. 저의 죄를 용서하시고 영생을 주심을 감사합니다. 저를 다스려 주시고, 저를 주님이 원하시는 사람으로 만들어 주시옵소서. 예수님의 이름으로 기도하옵나이다. 아멘."

여러분이 이 기도문을 진실된 마음으로 따라했다면 여러분은 예수 그리스도를 통하여 영생의 선물을 얻게 된 것이다. 성경은 우리가 진심으로 예수님을 영접했다면 하나님의 자녀가 될 수 있다고 이야기한다.

"영접하는 자 곧 그 이름을 믿는 자들에게는 하나님의 자녀가 되는 권세를 주셨으니"(요한복음 1:12)

이 놀라운 축복을 여러분의 것으로 삼게 되기를 바란다.

"믿음은 최고의 은혜다." - 윌리엄 거널

"인생은 'B to D'라고 한다. B는 Birth(태어남)이고 D는 Death(죽음)이다. 즉 인생이란 태어나서 죽는 것이다. 그렇다면 B와 D 사이에는 무엇이 있을까? C가 있다. C는 바로 Choice(선택)이다. 인간은 일생 동안 수많은 선택을 하고 살아간다. 그러나 인간의 선택 가운데 가장 위대한 선택은 Christ(그리스도)이다. 우리는 죽기 전에 예수 그리스도를 인생의 주인으로 선택해야 한다."

놓칠 수 없는 기회

저는 몇 년 전 흥미로운 기사를 읽은 적이 있습니다. 그것은 미국의 인기 토크쇼 진행자인 오프라 윈프리가 방청객 276명 모두에게 자동차를 선물하는 깜짝쇼를 벌였다는 기사였습니다. '오프라 윈프리 쇼'는 미국에서만 2,000만 명 이상이 시청했으며 전 세계 140개국에서 방영된 인기 프로그램입니다. 윈프리가 자신의 쇼가 시즌 19회를 맞게 된 것을 자축하며 치른 이날 쇼의 주제는 'Your Wildest Dreams Have Come True(아무리 터무니없는 꿈이라도 이루어진다)' 였습니다.

윈프리는 이 쇼에서 방청객 276명 중 12명에게 차를 선물해 주겠다고 하면서 11명을 무대로 불러냈습니다. 그리고 그들에게 제너럴모터스(GM)의 최신형 스포츠 세단인 폰티악 G6 열쇠 하나씩을 나눠 주었습니다. 이 자동차는 가격이 한 대당 2만 8천 달러(약 3천3백만 원)에 해당하는 고급차입니다. 11명에게 자동차 열쇠를 나눠 준 후 윈프리는 나머지 방청객들에게 선물상자를 하나씩 나눠주며 "상자 중 하나에 12번째 자동차 열쇠가 있다"고 말했습니다. 이 말을 들은 방청객들이 긴장하며 상자를 열었을 때 오프라 윈프리는 외쳤습니다. "Everybody gets a car! (모든 사람이 자동차를 가지게 되었어요!)" 놀랍게도 모든 상자에는 자동차 열쇠가 들어 있었습니다.

오프라 윈프리는 자신의 프로를 시청하는 사람들에게 '사랑하는 이들이 새 차를 받아야 하는 이유'를 적어 보내도록 한 뒤 적어 보낸 사람 중 276명을 선정해 이날 방청객으로 초대하였습니다. 행운의 주인공들은 정말 자동차가 필요하지만 돈이 없어서 자동차를 살 수 없는 사람들이었습니다. 자동차 276대의 가격을 합치면 우리나라 돈으로 무려 92억 원에 해당한다고 합니다.

저는 처음에는 오프라 윈프리가 부자이기 때문에 방청객들에게 자동차를 모두 사준 것이라고 생각했습니다. 그러나 알고 보니 이번 깜짝쇼는 어려운 사람들에게 기쁨을 주고 싶다는 윈프리의 뜻을 받아 자동차 회사가 협찬을 해서 자동차를 선물해 줌으로써 이루어졌습니다. GM 측은 자동차 가격으로 저녁 황금 시간대에 50차례 광고할 수 있는 비용이 들었지만 오프라 윈프리 쇼에 등장하는 것이 훨씬 광고 효과가 크다고 생각했습니다. 자동차 회사에서는 선물 받은 모든 이들에게 풀 옵션의 차량을 제공하였고 가난한 당첨자들을 위해서는 차량 세금까지 지급해 주었다고 합니다.

저는 이 기사를 보면서 한 가지 재미있는 생각을 해보았습니다. 만약 그날 오프라 윈프리 쇼에 초청을 받고도 사정이 있어 그 자리에 나가지 않은 사람이 혹시 있었다면 이 깜짝쇼의 이야기를 듣고 난 뒤 그 사람의 기분은 어떠했을까 하는 것입니다. 아마 땅을 치고 후회했을 것입니다.

성경은 하나님께서 우리에게 3천만 원짜리 자동차와 비교할 수 없는 너무나 귀중한 구원을 선물로 주시고자 한다고 말씀하고 있습니다. 이 선물의 가치는 너무나 귀중하여 도저히 돈으로 따질 수가 없습니다. 그런데도 만약 우리가 하나님께서 주시는 이 귀한 구원의 선물을 거절한다면 나중에 얼마나 후회를 하겠습니까?

"나에게 있어서 가장 놀라운 일들 중의 하나는 인간들이 하나님의 사랑을 거부한다는 사실이다. 만약에 사람들이 하나님께서 값없이 주시는 그 선물의 가치를 이해한다면 그 누구도 제정신으로는 그것을 거부할 수 없을 것이다." - 피터 와그너

07

예수 그리스도의 부활은 사실인가?

예수 그리스도의 부활은 사실인가?

I. 부활은 진실인가?

성경은 예수 그리스도가 십자가 위에서 죽었으나 3일 만에 부활하셨다고 이야기한다. 기독교는 예수 그리스도의 부활에 기초하여 세워진 종교이다. 그러므로 만약 예수 그리스도께서 실지로 죽음에서 살아나지 아니하셨다면 지금 우리가 믿는 기독교는 완전히 헛것이다. 그러나 만약 예수께서 실제로 죽은 자 가운데서 다시 살아나셨다면 그것은 모든 사람에게 놀라운 소망을 주기에 충분하다.

많은 사람이 예수님의 부활 사건을 허무맹랑한 전설의 고향과 같은 이야기로 생각한다. 그러나 사실은 예수 그리스도의 부활은 역사적으로, 논리적으로 입증이 된 진실이다. 이를 위하여 이 시간 어떻게 하여 예수 그리스도의 부활을 확신할 수 있는가를 같이 살펴보고, 예수 그리스도의 부활이 우리에게 주는 의미가 무엇인지를 함께 생각해 보고자 한다. 이를 위하여 먼저 예수 그리스도의 부활을 인정하지 않기 위해 만든 부활에 대한 반박설을 살펴보기로 하자.

II. 예수 그리스도의 부활에 대한 반박설

예수 그리스도의 부활의 진실성을 확신하기 위해서는 먼저 부활을 반박하는 주장들을 살펴봐야 한다. 초기 기독교 시절에는 부활은 모든 신앙인에게 믿음으로 고백이 되었으나 19세기 말 성서 비평학이 등장하면서 부활을 반박하는 주장이 제기되기 시작하였다. 이 주장은 크게 보면 다섯 가지로 나누어지는데 각각의 주장과 문제점은 다음과 같다.

1. 무덤 오인설

이는 제자들과 여인들이 예수의 무덤이 아닌 다른 무덤을 잘못 찾아가 빈 무덤을 발견하고 예수님이 부활하셨다고 외쳤다는 주장이다. 그러나 예수님의 무덤은 공동묘지가 아닌 아리마대 요셉의 개인 무덤이었기에 혼동할 여지가 없었으며, 또한 여인들이 예수님의 무덤 위치를 미리 확인해 두었을 뿐만 아니라(눅 23:55) 그들이 찾아갔을 때는 이미 해가 떠 있었다(막 16:2). 또한 여인들의 보고 이후에 제자들도 그 무덤을 찾아가서 확인해 보았다(요 20:4). 그러므로 여인들뿐만 아니라 다른 제자들까지 착각을 일으켰다고 보기는 어렵기 때문에 그들이 무덤을 잘못 찾아갔다는 주장은 근거가 없다.

2. 기절설

이 주장은 예수님이 십자가에서 돌아가신 것이 아니라 잠시 기절했을 뿐이며 기절한 상태에서 무덤에 누워 있다가 밤중에 서늘한 바람이 불어오니까 의식을 회복하여 혼자 돌문을 열고 나왔다는 주장이다. 그러나 성경은 예수님의 죽음이 분명한 사실임을 기록하고 있다. 로마 군인이 예수님의 옆구리를 창으로 찔렀을 때 물과 피가 나왔고(요 19:34) 예수님 시체의 다리를 꺾으려 했으나 이미 죽어 있었기 때문에 꺾지 않았다고 이야기하고 있다.

또한 우리가 알다시피 이스라엘의 무덤은 돌무덤이다. 그러므로 상식적으로 생각해 봐도 십자가에 못 박혔던 사람이 1톤이 넘는 무거운 돌문을 스스로의 힘으로 밀고 나와서 로마 군인들을 다 물리치고 제자들에게 나타났다는 것은 상상하기 어렵다.

그리고 또한 설령 그가 그렇게 나왔다고 하더라도 지치고 상처 입은 몸으로 제자들에게 나타나 자신이 부활했음을 주장하였다면 과연 제자들이 그러한 모습의 예수님을 생명을 주시는 영광의 구세주로 믿고 따랐겠는가 하는 것이다. 그래서 심지어는 부활을 믿지 않는 독일의 비평가인 데이비드 스트라우스(David Strauss)조차도 이 같은 기절설은 받아들이기 힘든 주장이라고 이야기한다. 그는 다음과 같이 말한다.

"반쯤 죽은 상태로 고통 가운데서 무덤에서 기어 나온 사람이, 허약해지고 연약한 상태로 의학적인 치료를 받아야 하고 기운을 북돋아 주어야 하며 붕대를 감아주고 세심하게 돌보아 주어야 할 그런 상태에 있는 사람이 자신이 죽음을 정복한 생명의 주관자라는 그러한 이미지를 제자들에게 심어 줄 수 있었겠는가? 그것은 불가능한 일이다."[104]

3. 조작설
이것은 예수님의 제자들이 예수님의 시체를 고의로 훔쳐다가 감추고

예수님이 부활하셨다는 증거를 조작해서 만들어 내었다는 주장이다. 그러나 이러한 주장도 신빙성이 없다. 왜냐하면 그때 로마당국에서는 예수님이 죽은 뒤 사흘 후에 다시 살아나리라는 예언을 하신 것을 알고 제자들이 그의 시체를 도적질할까 봐 일부러 무덤을 인봉하여 군인을 두어 지키게 한 상태였다. 그러므로 제자들이 그 삼엄한 경계망을 뚫고 그 큰 무덤의 돌문을 옮겨 놓고 무장 군인들을 통과해서 시체를 훔쳐내기는 불가능했다.

그리고 상식적으로 생각하여도 그들이 그렇게 할 이유가 없다. 그들은 자신들의 스승인 예수가 붙잡혀서 십자가에 못 박히게 된 것만을 보고서도 겁을 먹고 줄행랑을 쳤던 사람들이다. 그런 그들이 실지로 있지도 않았던 예수의 부활을 조작해 내어 그것을 세상 사람들에게 전하기 위해 자신의 목숨을 내어놓았겠는가?

교회사를 보면 예수님의 제자들은 부활을 전하다가 요한을 제외하고는 모두 순교를 당했는데 어느 누가 있지도 않은 일을 만들어서 퍼뜨리다가 기꺼이 그것 때문에 죽고자 했겠는가? 그것은 상식적으로 있을 수 없는 일인 것이다.

그리고 우리가 부활이 조작되었다고 볼 수 없는 또 하나의 중요한 이유가 있다. 성경에 따르면 예수의 부활을 처음 목격한 사람들은 여자들이었다(마 28:1). 제자들이 부활을 조작한 것이라면 부활을 처음 목격한 사람으로 절대로 여성을 내세우지 않았을 것이다. 왜냐하면 당시 여성들은 법정에서 증인의 자격을 부여받지 못했기 때문이다.

4. 환상설

이것은 예수님의 제자들이 심신이 극히 피곤한 가운데서 예수님의 죽음을 부인하고자 하는 강한 심리적 반발의 작용으로 예수님의 환상을 보았다는 주장이다. 그러나 이것도 일반적인 상식으로는 맞지 않는다.

환상은 주로 특정한 장소에서 특정한 몇몇 사람에게 잠깐 나타날 수는 있으나 예수님의 부활의 경우에는 많을 때는 500명이 넘는(고전 15:6) 수많은 사람이 수많은 다른 장소에서 이와 같은 환상을 체험했는데 이는 의학적으로 있을 수 없는 일인 것이다.

심리학자들은 세 사람 이상이 동시에 같은 환상을 볼 확률은 제로라고 이야기한다. 더군다나 예수님의 부활에 관한 목격이 하루 이틀이 아닌 40일 동안 계속해서 일어났다는 사실을 생각할 때 이 환상설도 받아들여질 수 없다는 것을 알 수 있다.

5. 도적설

이것은 유대인들이나 로마당국이 고의로 예수님의 시체를 훔쳐다가 감추었다는 주장이다. 그러나 이것은 더더욱 신빙성이 없는 이야기다. 왜냐하면 로마당국이나 유대인들은 예수님의 제자들이 그리스도가 부활하셨다고 전파하고 다니는 바람에 골머리를 앓았기 때문이다. 그런 그들이 일부러 예수님의 시체를 가져갔을 리는 없는 것이다.

그리고 설령 그들이 무슨 사정이 있어 예수님의 시체를 훔쳐 갔더라도 제자들이 예수님이 부활하셨다고 떠들고 다닐 때 그렇지 않다는 것을 증명하기 위하여 예수님의 시체를 증거로 제시하기만 했다면 기독교는 이 지구상에서 완전히 자취를 감추었을 텐데 그들은 그렇게 하지 못했다. 왜냐하면 예수 그리스도가 살아나셨기 때문이다. 이와 같은 여러 반박설에 대하여 폴 알트하우스 교수는 다음과 같이 이야기한다.

"당시에 많은 사람은 예수의 빈 무덤에 관하여 매우 많은 관심을 두고 있었다. 그러므로 예수의 빈 무덤이 만약 거짓이었다면, 예수의 부활은 단 하루도, 아니 단 몇 시간도 예루살렘 사람들 사이에서 논쟁의 대상이 될 수 없었다."[105]

III. 부활의 증거

예수 그리스도가 부활하셨다는 사실에 대하여서는 반박할 수 없는 많은 증거가 있다. 그래서 리차드 리스는 다음과 같이 말한다.

"증거가 있음에도 불구하고 부활은 일어나지 않았다고 믿는 것은 부활이 일어났다고 믿는 것보다 더 큰 믿음을 필요로 한다."[106]

1. 제자들의 변화

예수 그리스도의 부활을 결정적으로 증명하는 것은 제자들의 변화이다. 그들은 예수 그리스도가 붙잡히실 때 자신에게도 위험이 닥쳐올까 두려워서 뿔뿔이 흩어져 도망갔던 사람들이다. 그리고 예수님이 십자가에 못 박히신 이후에도 로마 군병이 두려워서 방문을 꼭꼭 걸어 잠그고 있던 사람들이었다.

그러던 그들이 불과 사흘 만에 예수 그리스도가 부활하셨다는 소식을 전하기 위하여 생명을 바쳤다. 그들이 어떻게 그렇게 변할 수 있었겠는가? 그것은 그들이 부활하신 예수 그리스도를 직접 만났기 때문이다. 다음은 예수 그리스도의 제자들이 예수의 부활을 증거하다가 어떻게 죽었는가를 보여주는 역사적인 기록들이다.[107]

1. 베드로	십자가형	7. 시몬	십자가형
2. 안드레	십자가형	8. 다대오	활에 맞아 처형됨
3. 마태	참수형	9. 예수의 동생 야고보	돌에 맞아서 죽음
4. 요한	자연사	10. 도마	창에 찔려서 죽음
5. 알패오의 아들 야고보	십자가형	11. 바돌로매	십자가형
6. 빌립	십자가형	12. 세베대의 아들 야고보	목베어 죽임을 당함

위의 제자들이 그렇게 처절하게 죽음을 당했다면 무언가 타당한 이유가 있어야 한다. 목숨을 내어놓는 마당에 아무런 이유가 없다는 것은 말도 안 된다. 예수의 부활 사건이 온통 거짓말이라고 한다면, 그들 제자들이 어떻게 그렇게 죽음을 기꺼이 당할 수 있었겠는가?[108] 이 세상에 거짓으로 지어낸 이야기를 위하여 목숨을 바치고자 하는 사람은 없다.

마이클 그린은 그들의 변화에 대하여 이렇게 묻는다.

"그들은 어떻게 하룻밤 사이에 그런 불굴의 용기를 얻게 되어 핍박과 냉소와 경멸, 조롱, 투옥, 그리고 죽음을 무릅쓰고 세 대륙의 가는 곳마다 어디서든지 예수와 그의 부활을 그렇게 전할 수 있었는가?"[109]

이것은 오로지 그들이 부활하신 예수 그리스도를 보았기 때문이라는 것 외에는 달리 설명할 길이 없다. 폴 리틀은 제자들의 행동에 대하여 다음과 같이 말한다.

"사람들은 실제로는 거짓일지라도 그것이 사실이라고 믿는다면 그것을 위해 죽을 수 있다. 그러나 그것이 거짓이라는 것을 알면서도 그 거짓을 위해 목숨을 버릴 사람은 없다."[110]

2. 교회의 기원

부활을 증명하는 또 하나의 증거는 교회의 기원이다. 무엇이 교회를 탄생하게 했는가? 어떻게 교회가 계속 존재하게 되었는가? 또 초대 교회 교인들은 대부분 유대인이었는데 유일신 사상을 생명처럼 귀중하게 여기는 그들이 어떻게 예수 그리스도를 하나님으로 받아들이게 되었는가? 그리고 안식일이 토요일에서 주일로 바뀌게 된 것은 어떻게 설명할 수 있을 것인가?

우리가 알다시피 유대인들은 원래 유일신 사상으로 철저히 무장되어 있는 사람들이다. 그러한 그들이 하나님이 한 분뿐이시라는 유일신 사상을 받아들이면서 동시에 예수님과 성령님을 같은 하나님으로 받아들이는 삼위일체적인 신앙을 가지게 된 것은 그들로서는 엄청난 사고의 전환을 요구하는 것이었다. 이것은 그들이 주님의 부활 사건을 친히 목격하고 예수님을 하나님으로 믿고 받아들였기 때문에 그렇게 된 것이라고 볼 수밖에 없다.

또한 안식일 준수를 생명처럼 여기던 유대인이었던 그들이 토요일이었던 안식일을 일요일로 옮긴 것은 어떻게 설명할 것인가? 이것은 그들이 예수 그리스도의 부활 사건이 진실임을 믿었기 때문에 주님이 부활하신 일요일을 주일로 지키기 시작한 것이라고 볼 수밖에 없다. 예수 그리스도의 부활 외에는 이러한 놀라운 일이 일어날 수 있는 근거가 없다.

그래서 캠브리지 대학의 C. F. D 모올 교수는 부활 사건 이외에 기독교의 기원을 적절하게 설명해 줄 수 있는 것은 없다고 이야기 한다.[111] 또한 A. M. 렘지 박사는 다음과 같이 말한다.

"나는 예수의 부활을 믿는다. 왜냐하면 예수의 부활이 없으면 그 후에 발생한 여러 사건을 도저히 설명할 수 없기 때문이다."[112]

3. 사람들의 변화

지금도 부활하신 예수 그리스도를 믿고 삶이 변화된 수많은 사람을 보면 예수님의 부활을 확신할 수 있다. 생각해 보라. 부활 사건이 거짓말이라면 어떻게 수천 년 동안 수억의 사람들이 부활 신앙을 자신의 믿음으로 고백해 올 수 있었으며 또한 그 사건을 신앙으로 고백하는 사람들에게 변화가 일어날 수 있었겠는가?

인도인으로서 힌두교에서 개종하여 위대한 선교사가 된 썬다 싱이 영국을 방문했을 때 어떤 대학교수가 질문을 던졌다. "당신이 오랫동안 젖은 전통의 힌두교를 버리고 기독교를 믿게 된 이유가 무엇입니까?”
즉 힌두교와 기독교의 차이가 무엇이길래 이렇게 바꾸었느냐 하는 질문
이었다. 그러자 썬다 싱은 다음과 같이 간단하게 대답했다.

“부활하신 예수가 살아 있기 때문입니다.”

썬다 싱뿐만이 아니다. 지금까지 수많은 사람이 부활하신 예수 그리
스도를 개인적으로 만나고 인생이 변화되는 놀라운 체험을 소유하게 되
었다.

특별히 우리는 기독교 역사상 가장 놀라운 회심 중 하나인 사도 바울
의 회심 사건을 주목할 필요가 있다. 그는 예수 그리스도를 믿는 사람들

을 잡아 죽이는데 앞장서던 사람이었다. 그러한 그가 한순간에 회심하여 신약성경의 절반을 기록하고 예수 그리스도의 부활을 증거하기 위하여 죽음을 무릅쓰는 순교자가 되었다. 예수 그리스도를 믿는 사람들을 핍박하고 돌로 쳐 죽이는 데 가담했던 바울이 예수 그리스도의 부활을 전파하는 가장 위대한 사도가 된 것을 무엇으로 설명할 수 있는가? 우리는 그가 자신이 주장하는 대로 부활하신 예수 그리스도를 만났기 때문에 그렇게 변화되었다고 볼 수밖에 없다.

IV. 부활을 확신한 사람들

예수 그리스도의 부활의 진실성에 무게를 더해 주는 것은 지금까지 예수 그리스도의 부활을 진지한 마음으로 조사해 보았던 사람은 누구나 예외 없이 예수 그리스도의 부활을 역사적 사실로 인정했다는 데 있다. 영국의 수석 재판관 칼디코트 경은 다음과 같이 기록했다.

"예수 그리스도의 주장, 즉 그의 부활은 그 증거를 조사하면 할수록 반박의 여지없이 그것이 사실임을 나로 하여금 믿게 만든다."[113]

린드 허스크 경은 영국 역사상 가장 법률에 정통한 인물 중의 한 사람이었다. 그는 영국의 대법관직을 세 번 역임했고, 캠브리지 대학의 고위 간사로 선출되기도 했다. 부활에 관한 그의 평결은 이렇다.

"나는 증거란 무엇인지 잘 알고 있다. 그리고 분명히 말하지만, 부활에 관한 증거 같은 그런 증거는 절대로 무효화된 적이 없다."[114]

캠브리지 교수 캐논 웨스트 코트도 다음과 같이 말했다.

"진실로 이 모든 증거들을 종합해 볼 때 예수 그리스도의 부활 사건 이상으로 폭넓은 지지를 받는 역사적 사건은 없다고 이야기할 수 있다."[115]

예수 그리스도의 부활의 진실성은 너무나 분명해서 지금까지 역사상 그 누구도 예수님의 부활의 진실성을 부정하지 못했다. 진실된 마음으로 예수 그리스도의 부활을 조사하고 연구하였던 사람은 누구나 그분의 부활이 진실이라는 사실을 인정할 수밖에 없었다.

그 가운데 프랭크 모리슨(Frank Morison)이라는 사람이 있다. 그는 영국의 변호사이자 저널리스트였다. 그는 예수 그리스도의 부활이 하나의 신화에 지나지 않는다고 생각하고 그것을 밝히기 위하여 추적을 시작했다. 그러나 그는 집요한 탐색 끝에 부활이 허구가 아니라 진실임을 깨닫게 되어 부활을 반박하는 책이 아닌 부활의 진실성을 입증하는 책을 쓰게 되었다. 그것이 바로 『Who Moved the Stone?』(누가 돌을 옮겼는가?)이라는 제목의 책이다.[116]

그뿐 아니라 사이먼 그린리프(Simon Greenleaf)의 이야기도 유명하다. 그는 증거(evidence)에 관해서는 가장 위대한 전문가로 여겨졌다. 19세기 후반기 하버드 법대의 왕립 교수(Royal Professor)였던 그린리프는 그 박학함으로 널리 칭송을 받았다. 런던 타임스지는 전 유럽의 법학자들을 다 합친 것보다도 그린리프 한 사람이 사법 체계의 확립에 끼친 영향이 더 크다고 말했을 정도였다.

그가 하버드 강의실에서 학생들에게 불가침의 원칙으로 삼았던 것이 한 가지 있었는데 그것은 바로 증거를 확실히 조사해 보지 않고는 그 어떤 중요한 문제에 대해서도 함부로 마음을 결정하지 말라는 것이었다. 그런데 그린리프는 그리스도인이 아니었다. 그는 사실 유대인이었기에 그리스도를 믿지 않았고 부활도 믿지 않았다.

그러던 어느 날 강의 도중에 종교에 관한 주제가 올라왔다. 학생들과 토론하는 가운데 그리스도의 부활이라는 주제가 등장하자 그는 자신은 그것을 믿지 않는다고 말했다. 그때 한 용기 있는 학생이 손을 들고 말했다. "교수님, 하지만 그 증거에 대해 생각해 보셨습니까?" 그린리프는 솔직히 그렇지 않다는 것을 인정했다. 그는 당황스러웠다. 학생들 앞에서 체면을 손상한 그는 당장 그 문제에 관한 연구에 착수했다. 그는 그리스도의 주장과 그의 부활에 관한 모든 자료를 검토해 보았다.

그리고 그의 연구 결과로 그는 『복음서 기자들의 증언』이라는 제목의 책을 써냈는데 여기서 그는 공평무사한 배심원들에게 그리스도의 부활에 관한 증거가 제시된다면 그들은 나사렛 예수가 죽음에서 부활했다고 결론을 내릴 수밖에 없다고 이야기했다. 이 연구 결과로 그는 그리스도인이 되었다.[117] 그가 기독교에 대하여 내리는 결론은 다음과 같다.

"기독교는 사실상 세상에서 유일하게 입증 가능하고 역사적인 증거를 가지고 있는 종교이다. 이 증거는 지극히 강력하고 압도적이다. 그러므로 정직하게 열린 마음으로 이것을 검증하는 사람이라면 이 증거를 받아들이는 것 말고 다른 도리가 없을 것이다."[118]

V. 부활이 주는 메시지

예수 그리스도의 부활은 죄와 죽음으로 인하여 영원히 멸망할 수밖에 없는 우리 인류의 놀라운 소망이 된다. 부활이 주는 메시지는 다음과 같이 세 가지로 요약될 수 있다.

1. 그분은 하나님이시다.

부활은 그가 죄와 죽음을 정복한 하나님이시라는 강력한 증거가 된다. 유대인들은 예수 그리스도가 십자가에 달렸을 때 그가 하나님의 저주를 받은 것이라고 생각했다. 왜냐하면 신명기 21장 23절에 보면 "나무에 달린 자는 하나님께 저주를 받았음이니라"라는 말씀이 나오기 때문이다. 그러나 예수 그리스도가 사흘 만에 부활하셔서 살아나셨기 때문에 그들은 예수께서 자신의 죗값으로 인하여 죽은 것이 아니고 우리의 죄를 대신 지시기 위하여 돌아가셨다는 사실을 믿게 되었다.

결국 하나님께서는 무덤에 들어가신 예수 그리스도를 친히 살리심으로 그가 죄 없는 분이심을 증명해 보이셨으며 또한 그가 죽음까지도 정복하신 하나님의 생명을 소유한 하나님의 아들이신 것을 증명해 보이신 것이다. 성경은 다음과 같이 말한다.

"그의 아들에 관하여 말하면 육신으로는 다윗의 혈통에서 나셨고 성결의 영으로는 죽은 자들 가운데서 부활하사 능력으로 하나님의 아들로 선포되셨으니 곧 우리 주 예수 그리스도시니라"(로마서 1:3-4).

예수 그리스도를 다른 사람과 구별해 주는 것은 바로 부활 사건이다.

클라크 피녹은 다음과 같이 말했다.

"만일 하나님이 계시고 그분의 권위가 복음서라는 초대장에 들어가 있음을 인간이 알기를 원하셨다면, 하나님께서는 그리스도를 다시 살리신 것보다 더 적절한 일을 하지는 못하셨을 것이다."[119]

성경에 보면 예수님께서는 이미 돌아가시기 전에 자신이 부활하실 것을 이야기하셨다.

"이때로부터 예수 그리스도께서 자기가 예루살렘에 올라가 장로들과 대제사장들과 서기관들에게 많은 고난을 받고 죽임을 당하고 제삼일에 살아나야 할 것을 제자들에게 비로소 나타내시니"(마태복음 16:21).

이것은 예수님이 이미 자신의 죽음과 부활을 알고 계셨다는 것을 의미한다. 예수님은 운이 나빠서 로마 군인에게 붙잡혀서 돌아가신 것이 아니었다. 그분은 자신의 죽음과 부활을 정확히 알고 계셨다. 예수님께서 어떻게 이렇게 자신의 부활을 확신할 수 있었는가? 그것은 예수님 자신이 생명의 근원이었기 때문이다.

성경에 보면 예수님께서 가신 곳에서 장례식이 제대로 진행된 적이 없다. 왜냐하면 그분 자신이 생명의 근원이기 때문이다. D. L. 무디가 여기에 대하여 깊은 깨달음을 얻은 적이 있다. 한번은 무디가 누군가로부터 장례식 설교를 부탁받은 적이 있었다. 설교에 자신이 없었던 무디는 예수님께서 장례식 때 하신 설교를 참고하기 위하여 성경을 뒤져 보았다.

그런데 열심히 성경 말씀을 찾던 무디는 깜짝 놀랐다. 예수님께서는 장례식장에서 결코 설교를 하신 적이 없었던 것이다. 놀랍게도 예수님께서는 가시는 곳마다 장례식장을 뒤집어서 잔칫집을 만드셨다. 부활이요 생명이신 예수님께서 찾아가시니까 죽은 자들이 살아났고 절망적이던 장례식장이 소망과 기쁨의 장소로 바뀌었던 것이다.

성경에 보면 예수님께서 죽은 사람을 살려내는 장면이 세 번 나온다. 한 번은 회당장 야이로의 딸이 죽어 있었는데 그 소녀가 죽은 집에 직접 찾아가서 그 아이를 살려내신다. 또 한 번은 나인성의 과부의 아들이 죽어서 장례식을 치르고 있는데 길거리에서 그 청년의 장례 행렬을 세우고 그를 살려내신다. 그리고 마지막 한 번은 죽은 지 나흘이나 되어 썩어가고 있는 나사로를 살려내신 사건이다.

이 세 번의 사건은 각각 특징이 있다. 한 번은 죽은 현장에서 사람을 살려내고, 또 한 번은 장례식 도중에 살려냈으며, 마지막으로는 장례식이 다 끝난 상태에 있는 시신을 살려내신 것이다. 왜 이렇게 예수님은 세 번이나 사람을 살려내셨을까? 그것은 예수님께서 죽음에 대하여 완전한 권위가 있다는 것을 보여주시기 위함이다.

예수님은 어떤 상황에서도 죽음의 실체를 두려워하지 않고 정면으로 맞서서 그것을 정복했다. 이것은 예수 그리스도가 죄와 죽음을 정복할 수 있는 하나님이시기 때문에 가능한 것이다.

특별히 예수님의 죽음은 앞의 세 사람과 같은 자연사가 아니었다. 그분은 인류가 당할 수 있는 가장 극악한 고문을 당하셨고 십자가 위에서 처절한 죽음을 맞이하셨다. 그리고 죽고 난 뒤에는 로마 병정에 의해 옆구리가 창에 찔려 죽음에 대한 철저한 확인이 이루어졌다.

심지어는 그의 시신이 옮겨진 후 그의 시체를 지키기 위하여 로마 병정들이 그의 무덤 입구를 에워싸고 지키기까지 하였다. 그런데도 그는 부활하셨다. 사망의 빗장을 풀고 당당하게 살아나셨다. 이것은 예수 그리스도가 바로 하나님이신 것을 증명하는 것이다.

2. 죽음이 정복되었다.

예수님의 부활은 이제 죽음이 정복된 것을 보여준다. 역사상 죽음이라는 감옥을 탈출하여 나온 사람은 단 한 사람도 없었다. 그렇지만 예수 그리스도는 죽음을 정복하고 무덤에서 당당히 살아 나오셨다. 예수께서는 죽은 나사로의 무덤 앞에서 다음과 같이 말씀하셨다.

"예수께서 이르시되 나는 부활이요 생명이니 나를 믿는 자는 죽어도 살겠고 무릇 살아서 나를 믿는 자는 영원히 죽지 아니하리니 이것을 네가 믿느냐"(요한복음 11:25-26).

예수님께서는 우리가 주님을 믿으면 영원히 죽지 않을 것이라고 말씀하셨다. 원래 인간에게 있어서 죽음은 자연스러운 현상이 아니었다. 죽음 앞에서 사람들이 처절하게 통곡하는 것을 보아도 그 사실을 알 수 있다.

사실 처음 에덴동산에서 인간이 창조되었을 때는 인간은 죽지 않는 존재로 태어났다. 그런데 인간에게 언제부터 죽음이 찾아온 것인가? 그것은 인간이 하나님께서 금지한 선악과를 따먹고 하나님의 명령을 어겼을 때부터였다. 하나님께서 "선악을 알게 하는 나무의 열매는 먹지 말라 네가 먹는 날에는 반드시 죽으리라"(창 2:17)고 하셨는데 과연 그 말씀처럼 인간에게는 죽음이 찾아온 것이다.

인간에게 찾아온 죽음은 바로 하나님의 명령을 거역한 인간에게 내려진 저주의 결과이다. 그러므로 인류 역사상 이 죽음을 피해 갈 수 있는 사람은 단 한 사람도 없었다. 진시황제도 나폴레옹도 그 어떤 위대한 왕이나 대통령도 이 죽음의 문제를 피해 갈 수 없었다. 그런데 예수 그리스도가 죽은 지 사흘 만에 다시 살아나셨다는 것은 무엇을 의미하는가? 그것은 그분이 이제 죄와 죽음을 정복했다는 의미다.

3. 우리의 부활이 보장되었다.

성경에 보면 예수 그리스도가 부활하던 순간에 수많은 성도가 무덤에서 살아난 놀라운 기적이 기록되어 있다.

"예수께서 다시 크게 소리 지르시고 영혼이 떠나시니라 이에 성소 휘장이 위로부터 아래까지 찢어져 둘이 되고 땅이 진동하며 바위가 터지고 무덤들이 열리며 자던 성도의 몸이 많이 일어나되 예수의 부활 후에 그들이 무덤에서 나와서 거룩한 성에 들어가 많은 사람에게 보이니라"(마태복음 27:50-53).

이것은 앞으로 예수 그리스도의 부활 때 우리 그리스도인들이 다시 살아날 것을 암시하는 사건이다. 성경 고린도전서 15장 20절에 보면 "그러나 이제 그리스도께서 죽은 자 가운데서 다시 살아나사 잠자는 자들의 첫 열매가 되셨도다"라는 말씀이 나온다. 이 말은 예수님의 부활은 우리에게도 부활의 소망을 가져다준다는 것을 의미한다. 즉 예수 그리스도가 죽음에서 부활하심으로 예수 그리스도를 따르는 모든 자들에게 동일한 부활이 약속되었다는 의미다.

첫 열매란 말은 그 다음에도 계속적으로 열매들이 따라온다는 것을 의미한다. 우리가 육신을 입고 있기에 언젠가 한 번은 죽을 것이 분명하지만 예수 그리스도 안에서 죽는다면 그 죽음이 끝이 아니고 다시 부활하여 영원한 생명을 누릴 것을 확신할 수 있다. 왜냐하면 그분이 부활하셨기 때문이다. 그래서 사도 바울은 담대하게 다음과 같이 외쳤다.

"사망아 너의 승리가 어디 있느냐 사망아 네가 쏘는 것이 어디 있느냐"(고린도전서 15:55).

인류 역사상 잠시 죽었다가 다시 살아난 사람의 예는 많이 있다. 죽어서 호흡이 멈추었던 사람이 응급 소생술로 다시 살아나는 경우도 있고, 물속에 빠져 심장이 멈추었던 사람이 인공호흡으로 다시 숨이 돌아오는 경우도 있다. 그러나 중요한 것은 그 사람들도 때가 되면 다시 죽을 수 밖에 없었다는 사실이다.

그러나 예수 그리스도께서 죽음에서 살아나신 사건은 이들의 경우와는 근본적인 차이가 있다. 예수님은 단순히 그저 죽었다가 소생한 것이 아니기 때문이다.

주님의 부활은 한 번 살아나신 이후 다시는 죽을 필요가 없는 영원한 생명을 의미하는 부활이다. 예수님은 부활하신 후 다시 죽음을 맛보지 않으시고 40일 동안 제자들을 만나신 후 바로 승천하셨다. 이같이 예수님의 부활은 인류의 가장 큰 원수인 죄와 저주와 죽음을 완전히 정복한 승리의 부활이다. 그래서 워런 워어스비는 다음과 같이 말했다.

"예수는 죽음에서 일어난 최초의 사람이 아니라, 일어난 후 결코 다시 죽지 않는 최초의 사람이었다."

예수 그리스도의 부활 사건이 우리 인류에게 주는 의미는 이토록 큰 것이다. 그분이 인간의 가장 심각한 문제인 죽음의 문제를 해결하시고 그분을 믿는 우리에게도 영원한 부활의 생명을 보증하신 것에 대해서는 그분의 부활이 친히 증거하고 있다.

다시 말하면 예수 그리스도는 인류의 생명과 죽음과 부활의 열쇠를 지니신 분이시다. 실제로 요한계시록에 보면 부활하신 주님은 사도 요한을 만나서 이렇게 말씀하셨다.

"두려워하지 말라 나는 처음이요 마지막이니 곧 살아 있는 자라 내가 전에 죽었었노라 볼지어다 이제 세세토록 살아 있어 사망과 음부의 열쇠를 가졌노니"(요한계시록 1:17-18).

VI. 우리의 선택

예수 그리스도의 부활은 너무나 분명한 사실이어서 지금까지 역사상 그 누구도 예수님의 부활의 진실성을 부정하지 못했다. 진실된 마음으로 예수 그리스도의 부활을 조사하고 연구하였던 사람은 누구나 그분의 부활이 진실이라는 사실을 인정할 수밖에 없었다.

여러분은 예수 그리스도의 부활 사건을 어떻게 대할 것인가? 예수 그리스도의 부활을 믿음으로 받아들여 영원한 생명을 얻겠는가 아니면 끝까지 그분을 거절하고 소망 없이 인생을 마감하겠는가? 선택은 여러분 자신에게 달려 있다.

성경을 보면 예수님께서 "나는 부활이요 생명이니 나를 믿는 자는 죽어도 살겠고 무릇 살아서 나를 믿는 자는 영원히 죽지 아니하리니"(요 11:25-26)라고 말씀하시고는 그 말씀의 끝에 "이것을 네가 믿느냐"라고 물으셨다.

이것은 너무나 중요한 질문이다. 이천 년 전에 마리아와 마르다에게 하셨던 이 동일한 질문을 오늘 예수님은 여러분에게 하고 계신다. 여기에 대한 여러분의 대답은 무엇인가? 이 부분에 대하여 분명한 믿음의 고백을 하여 주님 안에서 영원한 생명을 받아 누리는 여러분이 되시길 바란다.

"모든 인간의 본성 속에는 죽음에 대한 공포가 공통적으로 잠재되어 있다. 그러나 신앙은 그 공포를 제거해 버린다." - 바바소 포웰

그 환한 부활의 새벽

　　윤복희씨는 독실한 기독교인이자 국내 최정상의 뮤지컬 가수이다. 그런데 그녀는 1986년 '피터팬' 공연을 하다가 무대 위의 삼 층 높이로 쌓아 놓은 배 갑판이 갑자기 무너지는 바람에 큰 부상을 당하게 되었다. 나중에 엑스레이로 진단해 본 결과 그녀의 척추를 지탱해 주는 여러 매듭의 뼈들 중에 목 근처 뼈의 5번, 6번, 7번이 내려앉았다는 것과, 견디다 못한 6번 척추가 아주 안쪽으로 굽어 들어가 뾰족한 끝이 오른쪽 신경을 꽉 누르고 있는 것을 알게 되었다.

　　의사는 그녀의 몸이 너무나 망가졌기에 이제 전신마비가 올 것이지만 수술도 할 수 없는 상태라고 이야기했다. 척추뼈가 이미 신경 조직을 누르고 있는 상태여서 수술을 하면 신경이 견딜 수 없다고 이야기했다. 이 상태로 수술하면 죽느냐, 전신마비냐 두 가지 선택밖에 없다는 것이 의사의 진단이었다.

그리고 얼마 후 부활 주일이 다가왔다. 그녀는 죽을 듯한 고통과 절망감에 사로잡혀 하나님께 간절히 기도했다. 낫고자 하는 기도가 아니었다. 차라리 지금 자신을 데려가 달라고 하는 절규에 가까운 기도였다. 그런데 그 기도 가운데 그녀는 놀라운 기적을 체험했다. 당시 일어난 사건은 윤복희 씨의 이야기를 직접 듣는 것이 좋을 것이다.

"나의 기도는 절규에 가까웠습니다. 나는 통곡했습니다. 울부짖었습니다. 갑자기 눈이 딱 떠지고 앞이 환했습니다. 기도를 하다가 너무 아파서 기절을 한 채 까무러쳐 있었던 것입니다. 아직도 캄캄한 새벽이었는데 대낮보다 더 환한 빛을 경험했습니다. 목이 너무나 탔습니다. 나는 일어나 식탁 위에 있는 주전자를 들어 컵에다 물을 따랐습니다. 갑자기 온몸에 짜릿짜릿 강한 전기가 일었습니다. 견딜 수 없이 뜨거웠습니다. '아! 아니, 내가….'

오른쪽이 간지러워지고 온몸이 가벼워지며 얼음 같았던 몸이 따뜻한 열을 받아 신경이 막 살아나는 것을 느꼈습니다. 수년 동안 그렇게 고통 속에 괴로워하던 내 몸짓은 어디론가 사라지고 아무렇지도 않게 일어나 식탁으로 걸어간 것입니다. 나는 베란다로 나가서 응접실로 막 뛰어 보았습니다. 그리고 크게 외쳤습니다. "주님! 주님!" 그 환희는 이루 말할 수 없었습니다. 그날은 부활 주일이었습니다. 그 후로 나는 무대에만 서면 뛰면서 노래했고, 기도하면서 연기와 안무까지 하게 되었으니 정말 놀라운 일이 아닙니까?"

– 1999년 낮은 울타리 4월호에서 발췌

08

예수 그리스도는 유일한 구원자인가?

예수 그리스도는 유일한 구원자인가?

"The cross is God's compass pointing to heaven."
"십자가는 하늘을 가리키는 하나님의 나침반이다."

I. 유일한 구원자 예수 그리스도

기독교에서는 예수 그리스도를 통하여 우리가 죄 사함을 받고 영원한 생명을 누리게 되었다고 이야기한다. 그렇다면 여기서 한 가지 의문이 생기게 된다. 그것은 구원의 길이 오직 예수 그리스도밖에 없는가 하는 것이다. 정말 예수 그리스도여야만 하는가, 어느 종교든지 한 가지를 선택해서 열심히 믿으면 되지 않는가 하는 의문이 생기게 된다.

1. 종교 다원주의자들의 주장

기독교의 유일성을 인정하지 않고 어떤 종교든지 열심히 믿기만 하면 다 나름대로 구원의 길에 이를 수 있다고 주장하는 것을 '종교 다원주의'라고 한다. 이 같은 종교 다원주의자들이 보기에는 기독교인들이 너무나 편협하게 느껴진다. 세상에는 종교가 많은데 구태여 기독교의 예수 그리스도만 고집하는 것을 그들은 이해하지 못한다. 그러면서 그들은 다른 종교에 대한 기독교인들의 그러한 배타적 자세가 종교 간, 민족 간 분쟁을 일으켰고 그로 인하여 세계 평화에 위협이 된다고 주장한다.

그런데 우리가 알아야 할 사실은 기독교에만 구원이 있다고 하는 주장은 사실은 기독교인들의 편협한 사고에서 나온 것이 아니라 예수님 자신이 그렇게 주장하신 것이라는 사실이다.

예수님은 참으로 사랑이 넘치시고 겸손하신 분인데 절대로 양보하지 않는 부분이 있다. 그것은 자신이 하나님이시며 오로지 자신을 통해서만 구원을 받을 수 있다고 하는 부분이다. 이것이 그분과 다른 종교 지도자의 근본적인 차이점이다.

종교 다원주의자들은 산 정상은 하나지만 정상에 올라가는 길은 여러 가지가 있듯이 진리는 하나이나 그 진리에 접근하는 길은 다양하다고 이야기한다. 그러나 예수님은 그렇게 말씀하시지 아니하셨다. 다음의 내용을 보라.

"예수께서 이르시되 내가 곧 길이요 진리요 생명이니 나로 말미암지 않고는 아버지께로 올 자가 없느니라"(요한복음 14:6).

예수님은 자신이 하나님께로 가는 유일한 길이고 자신을 통하지 않고는 하나님께로 갈 사람이 없다고 이야기하셨다. 진리로 가는 길이 여러 가지가 아닌 것이다. 단 하나의 길인 것이다. 그뿐인가. 예수님의 제자 베드로가 한 이야기를 들어보라.

"이 예수는 너희 건축자들의 버린 돌로서 집 모퉁이의 머릿돌이 되었느니라 다른 이로써는 구원을 받을 수 없나니 천하 사람 중에 구원을 받을 만한 다른 이름을 우리에게 주신 일이 없음이라"(사도행전 4:11-12).

성경은 하나님께서 이 세상의 인간들 가운데 구원을 받게 해주는 다른 이름을 주신 적이 없다고 분명히 선언한다. 그래서 토저(A. W. Tozer)는 "예수 그리스도는 하나님께 접근하는 많은 길 중의 하나이거나 여러 방법 중 하나가 아니라 오직 유일무이한 길이다"라고 말했다.

우리가 상식적으로 생각해도 만약 예수 그리스도의 십자가를 통하지 않고도 구원을 받을 수 있는 다른 방법이 있었다면 왜 하나님께서 당신의 소중한 아들인 예수 그리스도를 이 땅에 내려 보내셨겠는가? 또 예수님의 입장에서도 십자가를 통하지 않고도 구원의 길이 있다면 왜 그토록 처참하게 십자가 위에서 죽어야만 했겠는가?

예수 그리스도의 대속의 죽음 외에 다른 구원의 길이 있었다면 예수님의 죽음은 헛된 죽음이었다고 말할 수 있다. 그것이 갈라디아서에서 사도 바울이 이야기하고 있는 바다.

"내가 하나님의 은혜를 폐하지 아니하노니 만일 의롭게 되는 것이 율법으로 말미암으면 그리스도께서 헛되이 죽으셨느니라"(갈라디아서 2:21).

이 부분을 우리는 깊이 생각해 보아야 한다. 왜냐하면 우리가 만약 예수 그리스도 외에 다른 구원의 길이 있다고 생각하고 그 길을 따라갔는데 나중에 알고 보니 그것이 잘못된 길이었다고 하면 그때는 돌이키기에는 너무 때가 늦어 버리기 때문이다. 종교를 선택하는 문제는 구원과 직결되어 있기 때문에 신중에 신중을 기해야 한다.

2. 예수 그리스도의 유일성

빌리 그래함 목사의 아들 프랭클린 그래함은 다음과 같이 말한다.

"하나님과의 관계에 있어서 우리가 옳다고 느끼는 것이나 정말 진리라고 믿는 것을 고집하는 것은 어리석다. 영생을 얻기 위해서는 우리의 방식이 아닌 하나님이 원하시는 방식으로 하나님과 관계를 맺어야 한다."[120]

하나님이 원하시는 방식은 예수 그리스도의 십자가를 통하여 하나님께로 나아가는 것이다. 그 외에 다른 방법은 없다. 우리가 예수 그리스만이 하나님께로 가는 유일한 길이라고 믿는 이유가 있다. 그것은 예수 그리스도는 다른 종교 지도자들과 뚜렷이 구별되는 세 가지 특징이 있기 때문이다.

첫째, 그는 하나님의 성육신이다. 즉 그는 인간의 몸을 입고 오신 하나님이시다. 둘째, 그는 우리 죄를 위하여 죽었다. 그의 십자가의 죽음은 대속의 죽음이다. 셋째, 그는 죽음에서 부활하였다. 그는 이 세상에서 유일하게 죽음을 이기고 살아나신 분이시다.

여기에 해당되는 종교 지도자는 아무도 없다. 그 어떤 (진실된) 종교 지도자도 자신이 하나님이라고 주장한 적이 없고, 우리를 위해 대신해서 죽어준 적이 없으며, 또한 죽음에서 살아난 적도 없다. 그러므로 예수 그리스도를 믿고 따르는 기독교는 인간이 만든 세상의 종교와는 근본적으로 다른 것이다.

그렇기 때문에 기독교의 진리를 제대로 알고 믿는 사람이라면 다른 종교에 대하여 신학적으로 포용적일 수가 없다. 왜냐하면 다른 종교인들은 예수 그리스도를 하나님이 보낸 구세주로 인정하지 않기 때문이다. 오늘날 사람들은 관용을 신봉한다. 그러나 무조건적인 관용이 언제나 좋은 것은 아니다. 사실 진리란 말의 의미는 그릇된 것을 용납하지 않는다는 뜻이다. 나폴레옹은 예수 그리스도에 대하여 다음과 같은 말을 했다.

"나는 인간을 안다. 그런데 나는 예수 그리스도는 인간이 아니라고 이야기하고 싶다. 피상적인 인식으로는 그리스도와 제국의 황제나 다른 종교의 신들과 유사성이 있어 보인다. 그러나 그러한 유사성은 존재하지 않는다. 기독교와 다른 종교 간에는 결코 뛰어넘을 수 없는 영원의 간격이 존재한다."[121]

예수 그리스도는 이 세상의 모든 종교 지도자 가운데 유일하게 자신의 신성을 주장하였다. 모하메드와 부처와 공자의 제자들은 자기들 스승의 가르침을 강조했다. 그러나 예수님은 자신의 가르침에 있어서 자기 자신이 가장 중요한 포인트임을 강조했다. 예수님께서 그의 제자들에게 던진 가장 중요한 질문은 바로 다음과 같은 것이었다.

"너희는 나를 누구라 하느냐?"(마태복음 16:15).

예수님께서 이 질문을 하신 이유는 자신을 어떻게 이해하느냐가 복음의 핵심이기 때문이다. 우리가 일상생활을 하면서도 절대로 바꿀 수 없는 법칙들이 있다. 가령 중력의 법칙과 같은 것은 우리가 무시하거나 바꿀 수 없는 것이다. 물리적인 법칙에 있어서도 그렇게 바꿀 수 없는 법칙이 있다면 영적인 법칙에 있어서도 그러한 절대 변동할 수 없는 법칙이 있다는 사실이 놀라울 것이 없다. 예수 그리스도만을 통해서만 하나님께 나아갈 수 있다는 것은 결코 바꿀 수 없는 영적인 법칙이다.

II. 가짜 복음에 속지 말라

그렇다면 기독교만이 진리인데 이 세상에는 왜 이렇게 종교가 많은 것인가? 우리가 알아야 할 사실은 명품에는 가짜가 많다는 사실이다. 어느 누구도 쓰레기통을 가짜로 만드는 사람은 없다. 그것은 가짜로 만들어야 할 만한 가치가 없기 때문이다. 그러나 지폐나 보석은 가짜를 만드는 사람이 많이 있다. 그것은 그만한 가치가 있기 때문이다.

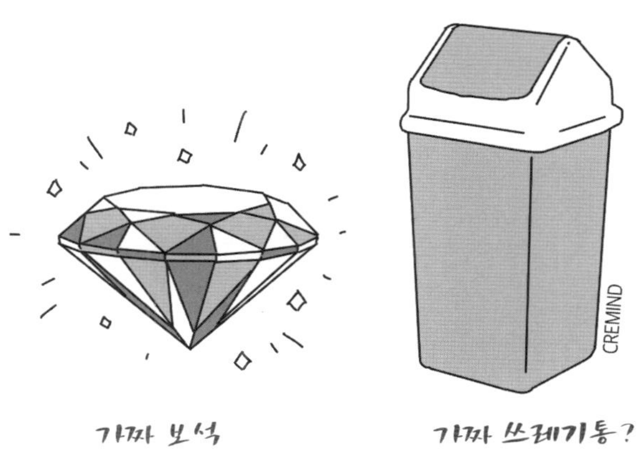

가짜 보석   가짜 쓰레기통?

기독교의 복음은 보석보다 더 소중한 것이다. 그래서 사탄은 이 세상에 수없이 많은 가짜를 만들어 놓았다. 사람들이 헷갈려서 엉뚱한 길로 가게 하기 위해서다. 그래서 성경은 "어떤 길은 사람이 보기에 바르나 필경은 사망의 길이니라"(잠 14:12)라고 말한다. 이 세상에는 우리를 잘못된 길로 인도하는 수많은 이방 종교가 있고 또 그 외에 우리를 미혹하는 수많은 이단이 있다.

이단의 특징은 무엇인가? 이단은 예수 그리스도의 십자가를 언급하는 듯하지만 완전한 구원을 이루기에는 십자가가 짧다고 보는 것이다. 그들은 거기에 뭔가 우리의 행위를 덧붙여야 한다고 주장한다. 예수님의 구원 사역만으로는 부족하고 자신들이 주장하는 그 어떤 종교 행위를 덧붙여야 구원받는다고 강조한다. 그리고 결국 그렇게 함으로 그들은 예수 그리스도의 구원 사역을 약화시켜 버리고 만다. 그래서 존 트랩은 "이단은 최고의 타락이다"라고 말했다.

우리는 구원 문제에 있어서는 전적으로 예수 그리스도를 신뢰해야 한다는 사실을 한시라도 잊어서는 안 된다. 이 말은 우리가 선한 일을 할 필요가 없다는 뜻은 아니다. 우리는 하나님의 자녀로서 선하게 살아야 할 의무가 있다. 그러나 구원의 문제에 있어서 예수 그리스도의 구원의 사역에 우리의 공로를 조금이라도 보태려고 하면 그것은 예수 그리스도의 구원 사역 전체를 무너뜨리는 결과를 가져온다는 사실을 알아야 한다. 그래서 리차드 시베스는 "어떤 것을 그리스도에게 더하는 것은 파괴적인 작업이다"라고 말했다.

그리스도의 십자가를 믿는 믿음만이 우리를 지탱해 줄 수 있는 유일한 구원의 밧줄이다. 믿음에 우리의 행위를 더하고자 하는 노력은 우리를 구원하지 못한다. 우리의 구원은 50% 그리스도와 50% 나의 노력으로 되어지는 것이 아니다. 그것은 60대 40도 아니며, 80대 20도 아니다. 심지어는 99.99대 0.01도 아니다.[122] 오직 예수 그리스도의 십자가만이 전적인 구원의 조건이 된다.

생각해 보라. 우주를 만드신 하나님의 아들이 우리를 위하여 죽었는데 거기에 더 무엇이 필요하겠는가? 그것으로 우리의 구원 사역이 완성된 것이다. 우리는 단지 이 사실을 알고 믿음으로 주님의 십자가 사건을 받아들이면 구원이 우리의 것이 되는 것이다. 조지 D. 보드만이 한 말을 기억하라.

"십자가만이 천국의 문지방까지 닿을 수 있는 유일한 사닥다리다."

III. 기독교와 타 종교와의 비교

이 세상에는 수많은 종교가 있다. 그러나 그렇다고 그들이 모두 진리인 것은 아니다. 시간 관계상 모든 종교를 다 조사할 수는 없으므로 일단 세계의 5대 종교인 불교, 유교, 기독교, 힌두교, 이슬람교를 살펴보기로 하자. 그리고 그 가운데서 기독교를 제외한 다른 종교를 통해서도 과연 참 신에 대하여 알 수 있고 진리에 도달할 수 있는지를 살펴보자.

1. 불교

불교는 무신론이다. 신의 개념이 사실상 없다. 부처는 하나님에 대하여나 하나님에게 가는 길에 대하여 한 번도 가르친 적이 없다. 그래서 사실상 불교는 하나님 없는 신비주의와 같다. 케네스 W. 모르간은 자신의 저서 『부처의 길』에서 다음과 같이 말한다.

"불교에는 지존자나 만물의 창조자, 영원불멸의 영혼을 가진 존재, 개인적 구원자 등에 대한 믿음 같은 것은 없다."[123]

본인이 한번은 고속버스를 탔는데 옆자리에 비구니가 앉게 되어 4시간 동안 종교적인 대화를 한 적이 있었다. 그때 내가 그 스님에게 "스님, 솔직히 당신들은 누구를 향해서 기도합니까?"라고 물어보았다. 스님은 솔직히 말해서 기도하는 대상이 전혀 없다고 대답했다. 그냥 마음의 위안을 얻기 위해 기도한다고 이야기했다. 이것이 불교의 실상이다. 불교에는 기도를 듣는 신이라는 존재가 없다.

이와 비슷한 이야기가 있다. 책에서 읽은 내용인데, 한번은 기도하는 스님에게 어떤 그리스도인이 무엇을 하는 중이냐고 물어보았다. 그러자 그는 "그 누구도 아닌 분께 그 무엇도 아닌 것을 기도하고 있소(I am praying to nobody for nothing)"라고 대답했다.[124] 결국 한마디로 말해서 불교에는 신의 존재가 없다. 그러므로 우리는 불교를 통하여 신을 만날 수 없다. 사실 불교는 무신론의 종교이며 하나의 철학이다.

그렇다면 오늘날 불교에서 말하는 신적 존재자(아미타불)와 영원한 세계인 정토(淨土)라는 개념은 어디서 나온 것인가? 이것은 모두 대승불교에서 나온 개념이다. 불교에는 소승 불교와 대승불교라는 것이 있다. 소승불교는 원시불교로서 부처가 주장한 내용이 중심이 되는 것이고 대승불교는 그 이후 석가의 사상에 만족하지 못한 사람들이 영원한 부처 사상을 집어넣어 만든 불교의 개념이다.[125]

부처의 불상도 사실은 석가가 죽고 난 뒤 600년이나 지나서 사람들이 마음의 위안을 얻기 위해 만든 것이다.[126] 그리하여 불교학자들 가운데는 '대승불교는 석가의 가르침이 아니다'라고 하는 대승비불론(大乘非

佛論)이 폭넓게 논의되고 있다.[127]

　불상이 엉터리라는 것을 보여주는 재미있는 일화가 있다. 중국의 선승(禪僧) 중에 '단하'라는 사람이 있었다. 그가 어느 추운 겨울날 한 사찰을 찾았는데 방이 너무 추워서 법당에 있는 나무 불상을 들고나와 도끼로 찍어 군불을 때어 버렸다.

　나중에 주지가 들어와 이 사실을 알고 중이 부처님을 공경해야 하거늘 부처로 군불을 때었으니 천벌을 받을 놈이라고 노발대발하였다. 그러자 단하는 부지깽이를 들고 부엌 아궁이를 휘저었다. 주지가 단하를 보고 뭐하는 짓이냐고 소리치자 단하는 "조금 전에 내가 군불을 때었던 것이 부처라 하여 사리를 찾고 있소"라고 대답했다는 것이다.[128]

이것은 당시 스님들 가운데서도 지혜로운 사람들은 불상은 결코 부처가 될 수 없다는 것을 알고 있었다는 것을 보여준다. 석가의 원래 주장의 핵심은 모든 것이 공(空), 즉 무아(無我)라는 것이다. 그는 세상과 고통과 삶과 죽음이 모두 공(空)이며 실체가 없는 것이라고 말했다.

그러므로 '열반'이라고 번역된 산스크리트어 '니르바나'도 '꺼져버린 상태'(blowing out)를 의미하는 것이다. 마치 거센 바람에 의해 꺼져버린 불꽃처럼 열반은 거센 바람에 의해 생명의 불꽃이 사라져 없어지는 것과 같은 것이다.[129] 결국 이런 관점에서 볼 때 불교에서는 모든 것이 무(無)라는 사상이 나올 수밖에 없다. 그러므로 불교의 교리는 근본적으로 무신론이다.

2. 유교

유교 또한 종교라기보다는 철학이다. 공자는 신을 전혀 만나지 못했다. 그에게는 신이란 침묵하는 존재였다. 공자가 죽을 때 제자가 "선생님 죽고 나서의 일을 이야기해 주십시오"라고 부탁했다. 그때 공자의 대답은 "살아서의 일도 모르는데 죽고 나서의 일을 어떻게 알겠느냐"라는 것이었다. 그러므로 유교의 가르침을 따르는 사람은 예의 바르고 교양 있는 사람이 될 수 있는 철학적 가르침을 제공받을 수 있을지는 모르나, 신에 대해서는 아무런 지식도 얻을 수 없다.

3. 힌두교

힌두교는 범신론적인 신의 개념을 가지고 있다. 누군가 힌두교는 '모든 종교의 실험 창고'라고 이야기했다. 힌두교는 종교라기보다는 하나의 문화적 이념이다. 종파마다 종교적 믿음이 다르며 종교적 관습 역시 다르다. 대중적 힌두교는 3억 3천만의 신을 가지고 있다. 신이 이렇게

많은 것은 신이 없다는 것과 별 차이가 없다. 그러므로 힌두교를 통해서
는 참된 신을 만날 수 없다.

4. 이슬람교

이슬람은 마호메트가 만든 종교로 사실상 거의 기독교에서 나온 이
교라고 볼 수 있다. 코란은 거의 70%에 가까운 내용을 성경에서 인용하
였다. 하지만 성경이 말하는 하나님과 이슬람의 신은 다르다. 이슬람의
알라는 인간의 운명을 결정해 놓았다고 하지만 인간의 행위에 따라 처
벌한다는 점에서 논리적인 모순이 발생한다.

또한 기독교의 천국에 비해 이슬람의 천국은 대단히 인간적인 것을
볼 수 있다. 그들은 천국은 아무리 술을 마셔도 취하지 않는 곳이고 수
많은 미녀를 부인으로 데리고 살 수 있는 곳이라고 이야기 한다. 이같이
이슬람의 천국은 무척 관능적인 천국으로서 성경이 말하는 거룩하고 완
전한 천국과는 거리가 멀다.

그리고 이슬람교의 신은 인간과 너무나 동떨어진 존재이기 때문에
어차피 인간과 인격적인 교제를 할 수 없는 신이다. 코란에는 하나님에
대한 99개의 이름이 나오지만 그 하나님의 개념 가운데는 기독교에서
나오는 '하나님은 사랑이시라'라는 것과 같은 개념은 나오지 않는다.[130]

이같이 우리는 여러 종교가 주장하는 바와 그 종교들이 과연 참 신을
만날 수 있게 해주는가 하는 것을 살펴보았다. 불교와 유교는 신의 개
념이 없는 철학이고 힌두교는 신의 실체를 알 수 없는 범신론이며 이슬
람교의 신은 인간과 인격적인 교제를 할 수 없는 추상적인 신이다. 결국
기독교를 제외한 이 세상의 어떤 종교로도 참 신을 만날 수 없다.

Ⅳ. 공자와 석가와 예수의 비교

예수 그리스도가 참 하나님이며 죽음의 문제를 해결한 유일한 구원자이신 것은 그분과 여러 종교 지도자를 비교해 보면 알 수 있다. 간단하게 공자와 석가와 예수를 비교해 보자.

공자는 우리가 알듯이 중국 춘추시대의 사상가로서 유교의 이념을 창시한 분이다. 그는 우리에게 좋은 가르침을 많이 주었고 인간이 바르게 사는 도리에 대해서도 여러 가지 교훈을 남겼다. 그러나 막상 죽음의 문제에 대하여서는 어떠한 해결책도 제시하지 못하였다.

공자는 3,000명의 제자 중에 '안연'이라는 제자를 가장 아끼며 그의 사상을 몰려 줄 후계자로 지목하고 있었다. 그런데 그가 자신보다 먼저 죽자 "하늘이 나를 망하게 하였도다"라고 하며 수일 동안 탄식했다고 한다. 사랑하는 제자이지만 그의 죽음의 문제에 대해서는 어떻게 할 수 없는 공자의 한계성을 드러내는 모습이라 아니할 수 없다.

석가는 기원전 563~483년까지 살았던 불교의 창시자다. 그는 호화로운 왕자의 몸으로 태어났으나 성 밖에서 늙고 병든 노인을 보고 인생에 대하여 깊은 회의를 품게 되었다. 그리하여 그때부터 왕궁을 떠나 도를 닦기 시작하였다.

그러다가 그는 보리수나무 아래에서 도를 깨달았다. 그것은 인간의 모든 괴로움은 인간의 마음, 즉 인간의 욕심에서 나온다는 것이었다. 그래서 그의 가르침의 중심은 인간으로 하여금 그릇된 욕심을 버리도록 하는 데 있다.

그럼 과연 석가는 이 같은 깨달음을 통하여 죽음의 문제를 해결할 수 있었을까? 그렇지 못했다. 그의 이와 같은 깨달음도 죽음의 문제를 해결하는 데는 전혀 도움이 되지 못했다. 석가 자신은 80세가량 되어서 죽었는데 '쿠시나가'라는 곳으로 가는 도중에 '춘다'라는 신도가 대접한 돼지고기 요리를 먹고 배탈이 나서 죽었다. '춘다'는 돼지고기 요리에 독버섯을 넣었던 것이다.[131] 이렇게 볼 때 석가도 인생에 있어서 죽음의 문제는 전혀 해결할 수 없었다고 볼 수 있다. 왜냐하면 본인 자신도 독버섯이 들어 있는 줄 모르고 음식을 먹었다가 죽임을 당했기 때문이다.

석가가 그의 신도 '춘다'의 배반으로 살해된 것과 비슷하게 예수도 그의 제자인 가룟 유다의 배신으로 은 30냥에 팔려 십자가에서 죽으셨다. 그러나 석가의 죽음과 예수의 죽음에는 근본적인 차이가 있다. 석가는 자신이 죽음을 당할 줄 모르고 돼지고기 요리를 먹다가 죽은 데 비해 예수는 자신의 죽음을 미리 알고 계셨던 것이다.

그는 자신이 고난을 당하고 죽을 것을 예고했을 뿐 아니라 자신을 배반하여 팔 사람이 누구인지도 예고했다. 그뿐 아니라 그는 자신이 죽고 난 뒤 사흘 만에 다시 살아나리라고 예언했다(마 16:21). 그리고 그는 정말 자신이 예언한 대로 죽음에서 살아나시고 승천하셨다.

죽음의 문제에 있어서 공자나 석가의 모습과 예수 그리스도의 모습이 이렇게 확연히 다른 이유가 무엇인가? 그것은 공자와 석가는 단순히 한 인간에 불과했지만 예수님은 하나님이셨기 때문이다. 인간은 결코 스스로 죽음의 문제를 해결할 수 없지만 예수 그리스도는 하나님이셨기에 죽음의 문제를 해결할 수 있었다.

이것은 또한 이 세 명의 종교 지도자들이 각자의 사역을 하는 도중 죽음의 문제에 부딪혔을 때 그 문제를 해결하는 방식이 전혀 달랐던 이유이기도 하다.

공자는 앞에서 이야기했던 것처럼 그가 가장 아끼는 수제자 '안연'이 죽었을 때 그의 죽음 앞에서 어떻게 손을 써 보지 못하고 "하늘이 나를 망하게 하였도다"라고 하며 망연자실하여 통곡하였다. 이것은 공자 자신도 죽음의 문제에 대해서는 어쩔 수 없이 무력하였다는 것을 보여주는 사건이다.

석가도 마찬가지다. 석가는 어느 날 '구시리성' 가까이의 '시다' 숲을 지나다가 한 과부를 만나게 되었다. 이 과부는 하나밖에 없는 외아들을 잃고 그를 살려 달라고 석가를 찾아온 것이다. 이에 석가는 "여자여, 죽음이란 우리 인간 누구에게나 있는 것이므로 너무 슬퍼하지 말라"고 하였다. 그러나 그 과부는 더욱 울며 "석가세존이시여, 우리 아들을 살려 주십시오"라고 애원하였다.

이에 석가는 과부에게 "마을에 들어가서 사람이 죽은 일이 한 번도 없는 집의 쌀을 얻어다가 죽을 끓여 먹이면 아들이 살 것이니라"라고 가르쳐 주었다. 이 말을 듣고 기쁨에 넘친 과부는 곧 성에 들어갔으나 얼마 후에는 풀이 죽은 모습으로 돌아왔다. 왜냐하면 어떤 집도 윗대부터 사람이 한 번도 죽은 일이 없었던 집은 없었기 때문이다. 이에 석가는 사람은 나면 반드시 한 번은 죽는다는 '생자필멸'(生者必滅)의 진리를 가르쳐 그 과부를 돌려보냈다.[132]

이들과 비교해 볼 때 예수는 어떠했는가? 그는 어느 날 '나인'이라는 성을 지나가다가 통곡 소리를 듣게 되었다. 그 성의 과부의 아들이 죽어서 장례식을 하고 있는 중이었다. 이때 예수는 그 죽은 아들에게 다가가서 "청년이 일어나라"라고 말씀하셨다. 그러자 그 청년이 다시 살아나는 기적이 일어났다(눅 7:11-16).

그뿐인가. 공자는 자신이 사랑하던 수제자 '안연'이 죽었을 때 어찌할 수 없어 그의 죽음 앞에서 울며 통곡하였다. 그러나 예수는 자신이 사랑하던 제자 '나사로'가 죽었을 때 죽은 지 나흘이나 되는 그의 무덤 앞에 가서 "나사로야, 나오너라"라고 하는 단 한마디의 말로 그를 죽음에서 불러내셨다(요 11:1-44).

이와 같이 죽음의 문제에 부딪혔을 때 공자, 석가와 예수의 태도는 근본적으로 달랐다. 공자와 석가는 죽음의 문제를 어쩔 수 없는 것으로 받아들였지만 예수 그리스도는 당당하게 죽음의 권세와 맞서 싸우며 죽은 자를 다시 살려내셨다.

인류 역사상 죽음의 문제를 이렇게 해결한 분은 예수 그리스도밖에 없다. 어떻게 이러한 일이 가능하였을까? 그것은 예수 그리스도는 하나님이시기 때문이다. 오직 그 이유밖에 없다. 그러므로 이러한 예수님을 따르는 사람은 죽음을 두려워하지 않게 된다.

바울 사도는 다메섹 도상에서 예수님을 만난 뒤 예수 믿는 무리를 잡아 죽이던 사람에서 예수님을 전하기 위하여 생명을 바치는 사람이 되었다. 바울은 여러 서신서들을 남겼는데 감옥 안에서 죽음을 예감하고 쓴 마지막 편지에서 그는 제자 디모데에게 다음과 같은 말을 남겼다.

"나는 선한 싸움을 싸우고 나의 달려갈 길을 마치고 믿음을 지켰으니 이제 후로는 나를 위하여 의의 면류관이 예비되었으므로 주 곧 의로우신 재판장이 그날에 내게 주실 것이며 내게만 아니라 주의 나타나심을 사모하는 모든 자에게도니라"(디모데후서 4:7-8).

이 얼마나 놀라운 고백인가! 바울은 그의 삶이 한 점의 후회도 없는 달리기 경주와 같은 것이었다고 고백한다. 또한 다가오는 죽음에 대해서도 전혀 두려움을 느끼지 않고 오히려 자신을 위하여 하나님께서 의의 면류관을 준비해 놓았다고 자신 있게 이야기한다. 이는 바울이 예수 그리스도 안에서 영생이 있음을 확신하기 때문에 이러한 고백을 할 수 있었던 것이다.

어떤 분은 여러 종교 지도자와 예수님의 차이를 다음과 같은 간단한 비유로 설명했다. 어떤 사람이 물에 빠져 허우적거리는데 한 사람이 지나가다가 그 사람을 보고서 한참을 꾸짖었다. 물가에서 조심하지 않아서 그렇게 물에 빠졌다는 것이었다. 이 사람이 바로 공자다.

그런데 그 사람이 가고 난 뒤 조금 있다가 어떤 사람이 왔다. 그 사람은 물에 빠진 사람에게 점잖게 충고했다. 지금 물에 빠져서 고통스럽겠지만 물에 빠졌다는 사실 자체를 잊으라고 이야기했다. 마음을 비우고 물에 빠졌다는 사실을 잊어버리면 고통이 사라질 것이라고 이야기했다. 그가 바로 부처다.

조금 있다가 나타난 또 다른 사람은 물에 빠진 그 사람을 보고 "모든 것은 알라의 뜻이요"라고 하면서 그를 무시하고 지나갔다. 그가 바로 마호메트다. 잠시 뒤에 또 한 사람이 나타났는데 그는 "당신이 물에 빠진 것은 과거의 업보 때문이니 그것을 당해야 하오"라고 하며 지나갔다. 그가 힌두교의 신인 브라만이다.

그런데 그 사람이 가고 난 뒤 조금 있다가 어떤 사람이 와서 물에 빠진 사람을 보자 목숨을 걸고 물에 뛰어 들어가 그 사람을 건져냈다. 이분이 바로 예수 그리스도다. 간단한 비유 같지만 대단히 깊은 의미가 있는 비유이다.

어떤 면에서 인간은 물에 빠진 사람과 다를 바가 없는 비참한 존재이다. 인간은 죄의 늪에 빠져 허우적거리고 있다. 그리고 그곳에서 죽게 될 뿐만 아니라 영원한 멸망으로 갈 수밖에 없는 운명이다. 이 같은 인간의 운명을 바꾸어 놓을 수 있는 분은 오직 예수 그리스도밖에 없다.

다른 여러 종교 지도자의 그럴듯한 말은 잠시의 위로는 줄지 모르지만 궁극적으로는 우리에게 아무런 도움이 되지 못한다. 왜냐하면 그들의 가르침이나 말은 죄로 인해 죽어가는 우리의 운명을 바꾸는 데는 아무런 영향을 주지 못하기 때문이다.

사실상 그들 자신도 죄 문제로 인하여 죽음을 피해갈 수 없는 우리와 똑같은 운명을 지닌 존재에 불과하다. 그렇기 때문에 이 세상의 어떤 종교 지도자나 철학자도 우리를 도울 수 없다.

우리는 지금까지 공자와 석가와 예수를 비교해 보았는데 이 세 사람의 차이는 그들이 죽으면서 남긴 마지막 말을 비교해 봐도 분명하게 나타난다. 어느 날 나는 서점에서 『유언』이라는 제목의 책을 우연히 본 적이 있다. 그 책은 전 세계의 모든 유명한 사람이 남긴 마지막 남긴 말을 모아 놓은 책이었다. 나는 호기심이 생겨서 그 책의 내용을 살펴보았다. 책에 따르면 부처는 죽으면서 다음과 같은 말을 남겼다.

"태어나는 모든 사물은 덧없으며 결국 죽는다."[133]

그 역시도 죽음을 피할 수 없는 평범한 존재에 불과함을 인정하는 말이다. 공자는 죽으면서 무슨 말을 남겼는가? 그가 마지막으로 남긴 말은 다음과 같다.

"지는 꽃잎처럼 현자는 그렇게 가는구나"[134]

이 말을 보면 공자 역시도 인생의 허무함을 극복하지 못했음을 알 수 있다. 그에 비해 예수 그리스도가 남긴 마지막 말은 무엇인지 아는가? 『유언』이라고 하는 책은 예수 그리스도가 죽음 직전에 남긴 마지막 말을 다음과 같이 소개한다.

"다 이루었다."[135]

바로 요한복음 19장 30절에 나오는 말씀이다. 전율이 느껴지지 않는가? 예수 그리스도는 자신의 죽음이 허무하지 않음을 알고 있었다. 그는 자신의 죽음으로 하나님의 뜻이 완전히 이루어졌고 인간 구원의 사역이 완성되었음을 자신 있게 선포하고 있다. 이같이 공자와 석가와 예수 그리스도가 남긴 마지막 말 한마디만 들어봐도 우리는 누구를 따라가야 할지 분명하게 알 수 있다.

V. 진리를 붙잡으라

C. S. 루이스는 이런 말을 하였다.

"만약 당신이 박스를 포장하는데 사용하는 경우라면 당신이 사용하는 끈이 튼튼하다고 쉽게 말할 수 있다. 그러나 만약 당신이 절벽 끝에서 그 끈에 매달려야 하는 상황이라면 당신은 무엇보다 그 끈이 정말로 안전한 것인지를 너무나 알기 원할 것이다."[136]

우리가 믿는 종교가 진리인지 아닌지를 아는 것은 생명을 좌우하는 문제이므로 우리는 이를 분명하게 알고 믿어야 한다. 이 세상의 모든 종교가 나름대로 진리를 가지고 있다고 주장한다.

그러나 진리는 상대적인 것이 아니고 절대적인 것이다. 그러므로 여러분이 자신이 가지고 있는 믿음에 대하여 얼마나 강한 확신을 가지고 있는가 하는 것이 중요한 것이 아니다. 문제는 그것이 진리인가 하는 것이다.

당신이 단지 믿고 있다고 해서 그것이 진리일 수도 없고, 또한 당신이 믿지 않고 거부한다고 해서 진리가 진리 되지 않는 것도 아니다. 사람들의 태도에 상관없이 진리는 진리일 뿐이다. 특별히 신앙의 문제에 있어서 가장 중요한 질문은 바로 그것이 정말 진리인가 하는 것이다.

어떤 사람은 자신이 느끼기에 그것이 편하고 좋으니까 자신이 믿고 있는 종교가 진리라고 생각한다. 그러나 그것은 착각이다. 우리는 우리의 감정을 신뢰해서는 안 된다. 어떤 사람은 자신의 종교가 조상 때부터 믿어왔던 것이기에 그 종교를 신뢰한다. 그러나 그래서는 안 된다. 종교는 구원에 관계되는 문제이기에 정확하게 조사해 보고 결정해야 한다.

우리가 지금까지 살펴본 대로 하나님께로 가는 길은 오직 예수 그리스도를 통한 길밖에 없다. 그 외에 다른 길은 없다.

비록 이 세상에는 수많은 종교가 있지만 결국 엄밀히 말하면 오직 두 종류의 종교만이 있을 뿐이다. '인간이 만든 종교'와 '하나님이 만드신 종교'이다.

이 세상의 모든 종교는 인간이 필요에 의해서 만든 종교이다. 그러나 기독교는 하나님께서 만드신 종교이다. 하나님의 아들 예수 그리스도가 이 땅에 오심으로 기독교가 시작되었기 때문이다. 그래서 마크 미텔버 그는 일반 종교와 기독교의 차이를 다음과 같이 설명했다.

"Religion is spelled 'Do', because it consists of the things people do to try to somehow gain God's forgiveness and favor… Thankfully Christianity is spelled differently. It's spelled 'D-O-N-E' (세상의 모든 종교는 하라(Do)의 종교이다. 그것은 신의 용서와 은총을 얻기 위해서 인간이 뭔가를 하는 것으로 이루어져 있기 때문이다. 그러나 감사하게도 기독교는 다르게 표현된다. 그것은 했다(DONE)의 종교이다.)"[137]

예수님께서 십자가 위에서 운명하시면서 "다 이루었다"라고 하셨다. 구원에 필요한 모든 일을 완성하신 것이다. 여기에 덧붙일 것은 아무것도 없다. 그러므로 우리는 이 예수 그리스도를 믿고 따라가면 된다. 그렇게 하면 그분이 여러분의 모든 것을 책임져 주실 것이다.

"만약 내가 거짓을 말한다면, 내가 그것을 책임져야 한다.
그러나 진리를 말한다면, 진리가 나를 책임질 것이다." - 토마스 풀러

나가는 말

머리에서 가슴으로

저는 어느 날 어떤 고고학자에 관한 흥미로운 기사를 읽은 적이 있습니다. 이분은 하워드 카터(Howard Carter)라고 하는 영국의 고고학자로서 20세기 최고의 고고학적인 발견이라고 하는 이집트 투탕카멘 왕의 무덤을 발굴한 사람입니다.

그가 발굴을 진행한 곳은 이집트의 역대 왕들의 무덤이 모여 있던 '왕들의 계곡'이라는 지역이었습니다. 이곳은 이집트 왕가의 무덤으로 유명한 지역이었지만 오랜 세월에 걸쳐 도굴꾼들이 드나들면서 대부분의 보물이 약탈되었고, 또한 그동안 이미 수백 개의 무덤들이 발굴되었기에 더 이상 발굴될 무덤이 없는 것으로 인식되어져 왔던 곳입니다.

그러나 하워드 카터는 19살의 어린 나이로 죽은 잊혀진 파라오 투탕카멘의 존재를 우연히 알게 되었고 그의 무덤이 분명히 어딘가에 있을 것이라고 확신하였습니다. 그리하여 그는 주위의 만류에도 불구하고 고대 유물 수집가인 카나번 경의 후원을 받으며 무덤 발굴 작업에 전념하였습니다.

그러나 생각만큼 작업은 쉽지 않았습니다. 1년, 2년 세월이 흘러갔지만 왕의 무덤은 발견되지 아니하였고 작업이 진행되는 동안 1차 세계 대전이 발발하기도 하였습니다. 그러나 그는 이러한 여러 가지 어려움을 겪으면서도 끝끝내 포기하지 않고 거친 사막의 모래바람 속에서 작업을 계속 진행하였습니다. 그러는 가운데 점점 세월이 흘러갔습니다. 그에 따라 젊은 청년이었던 하워드 카터도 점점 중년 신사가 되어 갔습니다.

그러다가 마침내 1922년 한 인부가 우연히 투탕카멘의 무덤으로 들어가는 입구를 발견하게 되었습니다. 이 소식을 들은 하워드 카터는 환호성을 지르는 인부들을 밀치고 계단을 내려가서 뚫려진 구멍 사이로 촛불을 들이밀어 보았습니다. 그러자 무덤 안에서 순금으로 만든 파라오의 관과 무려 3,000점이 넘는 엄청난 유물과 보물들이 빛을 발하고 있는 모습을 볼 수 있었습니다.

그런데 그가 보물을 발견하는 순간 이상한 일이 일어났습니다. 동료들은 보물을 보며 탄성을 지르는데 정작 가장 기뻐해야 할 카터는 멍한 얼굴로 터덜터덜 계단을 올라간 것입니다. 그의 동료가 카터를 불러 세웠습니다. "무슨 일인가? 자네는 보물을 발견한 사실이 기쁘지 않은가?" 그러자 카터는 깊은 생각에 빠져 있는 얼굴로 말했습니다. "사실 오늘 우리가 발견한 바로 이 장소로부터 동쪽으로 약 1m 되는 지점은 20여 년 전에 파본 적이 있네… 고작 1m 때문에 20여 년을 끌다니…."

여러분, 사람의 머리와 가슴과의 간격은 몇cm라고 생각하십니까? 그것은 단지 30cm에 불과합니다. 그러나 그 30cm가 우리의 운명을 갈라놓을 수가 있습니다. 우리가 예수 그리스도에 대하여 단지 머리로만 이해하면 우리는 구원에 이르지 못합니다.

성경은 우리가 예수님을 믿고 마음으로 영접해야 한다고 말씀합니다. 이것은 머리에 있는 지식이 가슴속으로 내려와야 한다는 것을 의미합니다. 기억하십시오. 머리와 가슴과의 간격은 단지 30cm에 불과하지만 그 조그만 차이가 우리의 영원한 운명을 바꾸어 놓을 수 있습니다.

이 책을 읽으신 여러분들은 예수 그리스도를 머리로만 이해하지 말고 마음 문을 열고 예수 그리스도를 구세주로 영접하십시오. 그렇게 되면 여러분은 놀라운 영생의 축복을 누리게 될 것입니다.

"그리스도인이 될 것인가 말 것인가의 결정은 더 나은 사람이 될 것인가 아닌가의 선택이 아니라 생명과 죽음의 선택이다." - 데니

미 주

1) 필립 얀시, 『뜻밖의 장소에서 만난 하나님』 (두란노, 1997), p.186.

2) 스티브 쿠마, 『기독교 진리는 터무니 없다?』 (나침반, 2002), p.6.

3) Paul E. Little, *Know Why You Believe* (Chariot Victor Publishing, 1999), p.17.

4) 스티브 쿠마, 『기독교 진리는 터무니 없다?』 (나침반, 2002), p.8.

5) Paul E. Little, *Know What You Believe* (Chariot Victor Publishing, 1999), p.29.

6) 스티브 쿠마, 『기독교 진리는 터무니 없다?』 (나침반, 2002), p.82.

7) Jules A. Baisnee, ed., *Readings in Natural Theology* (Newman, 1962), p.149.

8) Harold O. J. Brown, "The Conservative Option," *Tension in Contemporary Theology*, (Moody, 1976), pp.334-335.

9) R. C. 스프롤, 『기독교의 핵심 진리 102가지』 (생명의말씀사, 1997), pp.48-56.

10) Ludwig Wittgenstein, *Tractatus Logico-Philosophicus* (Routledge & Kegan Paul, 1969), p.149.

11) 찰스 콜슨, 낸시 피어시, 『그리스도인, 이제 어떻게 살 것인가』 (요단, 2002), p.308.

12) 에드워드 보이드, 그레고리 보이드, 『어느 무신론자의 편지』 (미션월드, 2006), p.294.

13) 에드워드 보이드, 그레고리 보이드, 『어느 무신론자의 편지』 (미션월드, 2006), p.294.

14) B. 파스칼, 『팡세』 (삼중당, 1989), p.105.

15) B. 파스칼, 『팡세』 (삼중당, 1989), p.99.

16) 크리스찬 월드 편집부, 『변화된 새사람 31인』 (크리스찬월드, 1993), p.277.

17) 샤론 햄브릭, 『아도니람 저드슨』 (존스북, 2007), p.286.

18) 제러마이어 존스턴, 『아무도 대답해 주지 않는 질문들』 (예수전도단, 2017), p.187.

19) A. Rendle Short, *Why Believe* (InterVarsity, 1964), p.63.

20) John W. Wenham, *Christ and the Bible* (Baker, 1984), p.188.

21) 스티브 쿠마, 『기독교 진리는 터무니없다?』 (나침반, 2002), pp.110-111.

22) D. James Kennedy, Jerry Newcombe, *What If The Bible Had Never Been Written?* (Thomas Nelson, Inc. Publishers, 1998), p.213.

23) D. 제임스 케네디, 『왜 나는 믿는가』 (도서출판 참말, 1993), p.12.

24) Nelson Glueck, "Book Review," *The New York Times*, October (1956), p.28.

25) Paul E. Little, *Know Why You Believe* (Chariot Victor Publishing, 1999), p.77.

26) Josh McDowell, *Evidence That Demands a Verdict* (Campus Crusade for Christ, 1972), p.68.

27) Josh McDowell, *Evidence That Demands a Verdict* (Campus Crusade for Christ, 1972), p.72.

28) William M. Ramsay, Luke, *The Physician* (Hodder & Stoughton, 1908), pp.177-179.

29) James H. Jauncey, *Science Returns to God* (Zondervan, 1971), p.85.

30) 스티브 쿠마, 『기독교 진리는 터무니없다?』 (나침반, 2002), p.119.

31) D. 제임스 케네디, 『논리적으로 예수 전하기』 (도서출판 진흥, 2000), pp.54-55.

32) Sir Frederic G. Kenyon, *Our Bible and the Ancient Manuscripts* (Harper, 1958), p.55.

33) 린 월러, 『성경이 사실이라는 것을 어떻게 알 수 있을까요』 (도서출판 바울, 1992), pp.8-10.

34) 린 월러, 『성경이 사실이라는 것을 어떻게 알 수 있을까요』 (도서출판 바울, 1992), p.54.

35) 김정주, 『성경은 신화가 아닙니다』 (도서출판 갈릴리, 2003), p.50.

36) 김정주, 『성경은 신화가 아닙니다』 (도서출판 갈릴리, 2003), pp.49-51.

37) G. B. Hardy, *Countdown* (Moody, 1972), p.34.

38) 린 월러, 『성경이 사실이라는 것을 어떻게 알 수 있을까요』 (도서출판 바울, 1992), pp.83-84.

39) D. James Kennedy, Jerry Newcombe, *What If The Bible Had Never Been Written?* (Thomas Nelson, Inc. Publishers, 1998), p.216.

40) James C. Hefley, *What's So Great About the Bible?* (David C. Cook, 1969), pp.17-20.

41) Bernard Ramm, *Protestant Christian Evidences* (Moody, 1953), p.232-233.

42) 정진호, 『멈출 수 없는 하늘의 열정』 (규장, 2005) p.20.

43) 에란 카츠, 『천재가 된 제롬』 (황금가지, 2007) pp.36-42.

44) 소강석, 『믿음을 자손 대대로 전수하라』 (쿰란출판사, 2005) p.39.

45) 에란 카츠, 『천재가 된 제롬』 (황금가지, 2007) p.43.

46) 이태규, 『한국의 부자인맥』 (청년정신, 2005) p.79.

47) 김종춘, 『교회 밖에서 승리하라』 (21세기북스, 2007) p.97.

48) 김종춘, 『교회 밖에서 승리하라』 (21세기북스, 2007) pp.97-98.

49) 찰스 콜슨, 낸시 피어시, 『그리스도인, 이제 어떻게 살 것인가』 (요단, 2002), p.301.

50) D. 제임스 케네디, 『성경속의 미스터리』 (아가페출판사, 2001), p.256.

51) 리즈 고절리, 『아돌프 히틀러』 (작가정신, 2007), p.9.

52) 니켈 로저스, 『30분에 읽는 히틀러』 (랜덤하우스중앙, 2004), p.20.

53) 니켈 로저스, 『30분에 읽는 히틀러』 (랜덤하우스중앙, 2004), p.14.

54) 찰스 콜슨, 엘렌 신틸리 본, 『이것이 교회다』 (홍성사, 2006) pp.290-291.

55) 조쉬 맥도웰, 『목수 예수』 (도서출판 누가, 2005), p.164.

56) 모리스 S. 롤링스, 『죽음을 준비하는 그리스도인』 (아가페출판사, 1993), pp.12-13.

57) 모리스 S. 롤링스, 『지옥에 다녀온 사람들』 (요단출판사, 1996), p.6.

58) D. 제임스 케네디, 『왜 나는 믿는가』 (도서출판 참말, 1993), p.67.

59) D. 제임스 케네디, 『논리적으로 예수 전하기』 (도서출판 진흥, 2000), p.204.

60) 허버트 로커, 『죽음 앞에서 남긴 마지막 말』 (생명의말씀사, 1994), p.185.

61) 허버트 로커, 『죽음 앞에서 남긴 마지막 말』 (생명의말씀사, 1994), p.184.

62) 허버트 로커, 『죽음 앞에서 남긴 마지막 말』 (생명의말씀사, 1994), p.66.

63) 허버트 로커, 『죽음 앞에서 남긴 마지막 말』 (생명의말씀사, 1994), p.79.

64) 허버트 로커, 『죽음 앞에서 남긴 마지막 말』 (생명의말씀사, 1994), p.203.

65) 모리스 S. 롤링스, 『지옥에 다녀온 사람들』 (요단출판사, 1996), pp.62-63.

66) 모리스 S. 롤링스, 『지옥에 다녀온 사람들』 (요단출판사, 1996), p.41.

67) 모리스 S. 롤링스, 『지옥에 다녀온 사람들』 (요단출판사, 1996), p.62.

68) R. C. 스프롤, 『기독교의 핵심 진리 102가지』 (생명의말씀사, 1997), p.329.

69) Millard Erickson, *Christian Theology, second ed.* (Grand Rapids, MI: Baker Academic, 1985, 1998), pp.1242-1243.

70) Thomas Vincent, *Fire and Brimstone* (Morgan, PA: Soli Deo Gloria Publications, 1999), pp.111-112.

71) Marvin Ford, *On the Other Side* (Logos International, 1978), pp.93-94.

72) 노만 빈센트 필, 『사랑하는 사람을 다시 만날 수 있을까?』 (도서출판 서로사랑, 1997), pp.100-101.

73) 노만 빈센트 필, 『사랑하는 사람을 다시 만날 수 있을까?』 (도서출판 서로사랑, 1997), p.43.

74) 빌리 그래함, 『죽음이란 무엇인가』 (크리스천다이제스트, 1991), p.209.

75) 모리스 S. 롤링스, 『지옥에 다녀온 사람들』 (요단출판사, 1995), pp.65-66.

76) 허버트 로커, 『죽음 앞에서 남긴 마지막 말』 (생명의말씀사, 1994), p.70.

77) 노만 빈센트 필, 『사랑하는 사람을 다시 만날 수 있을까?』 (도서출판 서로사랑, 1997), p.55.

78) Josh McDowell, *Evidence that Demands a Verdict, Vol. 1* (Thomas Nelson Publishers, 1979), p.106.

79) 조쉬 맥도웰, 『목수 예수』 (도서출판 누가, 2005), p.10.

80) 스탠리 존스, 『인도의 길을 걷고 있는 예수』 (평단, 2005), p.373.

81) D. 제임스 케네디, 『논리적으로 예수 전하기』 (도서출판 진흥, 2000), p.95.

82) 조쉬 맥도웰, 『목수 예수』 (도서출판 누가, 2005), p.79.

83) Michael Green, *Who Is This Jesus?* (Thomas Nelson Publishers, 1990), p.116.

84) Michael Green, *Who Is This Jesus?* (Thomas Nelson Publishers, 1990), p.116.

85) D. 제임스 캐네디, 『논리적으로 예수 전하기』 (도서출판 진흥, 2000), p.101.

86) John Stuart Mill, *Essays on Nature, the Utility of Religion and Theism* (Longmans, 1874).

87) Jim McGuiggan, *If God Came* (Montex, 1980), p.33.

88) D. 제임스 케네디, 『성경속의 미스터리』 (아가페출판사, 2001), p.219.

89) 김준곤, 『우리는 무엇을 믿는가』 (순출판사, 1991), p.61.

90) 김준곤, 『우리는 무엇을 믿는가』 (순출판사, 1991), pp.53-54.

91) Lewis Sperry Chafer, *Systematic Theology* (Dallas Theological Seminary Press, 1947, Vol. 5), p.21.

92) 김준곤, 『우리는 무엇을 믿는가』 (순출판사, 1991), p.52.

93) 리 스트로벨, 『특종 믿음 사건』 (두란노, 2001), p.154.

94) C. S. 루이스, 『순전한 기독교』 (은성, 1991), pp.78-79.

95) 스티브 쿠마, 『기독교 진리는 터무니 없다?』 (나침반, 2002), p.99.

96) 스티브 쿠마, 『기독교 진리는 터무니 없다?』 (나침반, 2002), p.100.

97) William E. Lecky, *History of European Morals from Augustus to Charlemagne*, Vol 2 (D. Appleton and Co., 1903), pp.8-9.

98) Philip Schaff, *The Person of Christ* (American Tract Society, 1913), pp.94-95.

99) Philip Schaff, *History of the Christian Church* (William B. Eerdmans Publishing Co., 1962), p.109.

100) J. Gilchrist Lawson, *Great Thoughts About Jesus Christ* (Richard R. Smith, Inc., 1930), p.138.

101) D. 제임스 케네디, 『성경속의 미스터리』 (아가페출판사, 2001), pp.216-217.

102) 조쉬 맥도웰, 『목수 예수』 (도서출판 누가, 2005), pp.11-13.

103) John W. Montgomery, *History and Christianity* (InterVarsity, 1965), p.58.

104) Wilbur M. Smith, *Therefore, Stand* (Baker Book House, 1945), p.383.

105) Paul Althaus, *Die Wahrheit des kirchlichen Osterglaubens* (C. Bertelsmann, 1941), pp.22-25.

106) Richard M. Riss, *The Evidence for the Resurrection of Jesus Christ* (Bethany Fellowship, 1977), pp.104-105.

107) 조쉬 맥도웰, 『목수 예수』 (도서출판 누가, 2005), p.89.

108) 조쉬 맥도웰, 『목수 예수』 (도서출판 누가, 2005), p.90.

109) Michael Green, *Man Alive!* (InterVarsity Press, 1968), pp.23-24.

110) Paul E. Little, *Know Why You Believe* (Chariot Victor Publishing, 1999), p.44.

111) 스티브 쿠마, 『기독교 진리는 터무니 없다?』 (나침반, 2002), p.37.

112) Arthur Michael Ramsey, *God, Christ and the World* (SCM Press, 1969), pp.78-80.

113) Irwin H. Linton, *A Lawyer Examines the Bible* (Baker, 1943), p.11.

114) Wilbur M. Smith, *Therefore Stand* (Keats Pub, 1981), p.425.

115) Brooke Foss Westcott, *The Gospel of the Resurrection* (Macmillan's colonial Library, Unknown Binding, 1879), pp.4-6.

116) D. 제임스 케네디, 『왜 나는 믿는가』 (도서출판 참말, 1993), p.112.

117) D. 제임스 케네디, 『논리적으로 예수 전하기』 (도서출판 진흥, 2000), pp 61-63.

118) Simon Greenleaf, *The Testimony of the Evangelists* (1874; reprint ed., Baker Book House, 1965), pp.28-30.

119) C. H. Pinnock, *Reason Enough: A Cast for the Christian Faith* (InterVarsity, 1980), p.90.

120) Franklin Graham, *The Name* (Thomas Nelson Publishers, 2002), pp.64-65.

121) Josh McDowell, *Evidence that Demands a Verdict, Volume 1* (Thomas Nelson Publishers, 1979), p.106.

122) D. 제임스 케네디, 『성경속의 미스터리』 (아가페출판사, 2001), p.295.

123) Kenneth W. Morgan, ed., *The Path of Buddha* (Ronald, 1956), p.71.

124) 스티브 쿠마, 『기독교 진리는 터무니 없다?』 (나침반, 2002), p.143.

125) 구보 아리마사, 『불교와 기독교 무엇이 다른가』 (나침반, 1997), p.11.

126) 김성화, 『인생항로에 빨간 신호등』 (성광문화사, 1992), p.114.

127) 구보 아리마사, 『불교와 기독교 무엇이 다른가』 (나침반, 1997), p.23.

128) 김성화, 『인생항로에 빨간 신호등』 (성광문화사, 1992), pp.115-116.

129) 임헌준, 『아는만큼 보인다』 (쿰란출판사, 2005), p.117.

130) Mark Water, *World Religions Made Easy* (Hendrickson Publishers, Inc., 1999), p.16.

131) 김성화, 『극락의 불나비』 (성광문화사, 1992), p.169.

132) 김성화, 『나는 이렇게 예수를 믿게 되었다』 (성광문화사, 1992), p.14.

133) 한스 할터, 『유언』 (말글빛냄, 2006), p.25.

134) 한스 할터, 『유언』 (말글빛냄, 2006), p.28.

135) 한스 할터, 『유언』 (말글빛냄, 2006), p.37.

136) C. S. Lewis, *The Quotable Lewis* (Tyndale House Publishers, 1989), p.229.

137) William Lane Craig, *No Easy Answers* (Moody Press, 1990), p.102.

기독교를 알아야 인생의 답이 보인다 2

1권 이후 15년 만에 나온 또 하나의 역작!

논리적이면서도,
재미있고 호소력있게
사도신경의 내용을
변증한다!

저 자
라원기

가 격
15,000원

출판사
예영커뮤니케이션

01. 당신은 **하나님**을 믿는가?
02. 당신은 **예수 그리스도**를 믿는가?
03. 당신은 **기적**을 믿는가?
04. 당신은 **십자가**를 믿는가?
05. 당신은 **부활**을 믿는가?
06. 당신은 **재림**을 믿는가?
07. 당신은 **성령님**을 믿는가?
08. 당신은 **교회**를 믿는가?
09. 당신은 **죄 용서**를 믿는가?
10. 당신은 **영생**을 믿는가?